# पीठ पीछे का आँगन

उपन्यास

# पीठ पीछे का आँगन

अनिरुद्ध उमट

राजकमल प्रकाशन

ISBN : 978-81-267-0610-5

मूल्य : ₹295



**पहला संस्करण :** 2013
**दूसरा संस्करण :** 2019

**प्रकाशक :** राजकमल प्रकाशन प्रा. लि.
1-बी, नेताजी सुभाष मार्ग, दरियागंज
नई दिल्ली-110 002

**शाखाएँ :** अशोक राजपथ, साइंस कॉलेज के सामने, पटना-800 006
पहली मंज़िल, दरबारी बिल्डिंग, महात्मा गांधी मार्ग, इलाहाबाद-211 001
36 ए, शेक्सपियर सरणी, कोलकाता-700 017

वेबसाइट : www.rajkamalprakashan.com
ई-मेल : info@rajkamalprakashan.com

**मुद्रक :** बी.के. ऑफसेट
नवीन शाहदरा, दिल्ली-110 032

PEETH PICHHE KA AANGAN
*Novel by* Anirudh Umat

अनुजवत पीयूष दईया के लिए...

हर एक पीठ पर अपनों ने
किसी अन्य का नाम लिख रखा है
एक-दूसरे की पीठ पर अपने लेख देखकर
हम एक-दूसरे को जानते-पहचानते हैं
तेरी पीठ पर लिखा है मेरा सपना
आनेवाले
मेरे घर पीठ के रुख आना
मैं तुझे तुरन्त ही पहचान लूँगा

*—हरिभजन सिंह*

# पीठ पीछे का आँगन

# 1

जिस सड़क पर मैं खड़ा था पीठ पीछे के अँधेरे से किसी अन्तहीन काली ऊन की तरह मेरी आँखों के आगे दौड़ी जा रही थी। जहाँ फिर कोई यही देख रहा था कि उसकी छाती के सामने की सड़क पीठ पीछे यूँ जा रही थी जैसे उसे कोई उसकी पीठ पीछे खींच रहा हो, लपेट रहा हो।

मैं ऐसी ही सड़क पर खड़ा था। पता नहीं सड़क पर खड़ा मैं भला था या बुरा।

मैंने आँखें बन्द कर लीं। बन्द करते ही किसी आईने की तरह वह सड़क मेरी आँखों में बल खाने लगी...उलझे हुए धागे की तरह। मैं उसे सुलझा रहा था। वह मुझे उलझा रहा था।

वह सामने खड़ी हँस रही थी।

मैंने उस उलझे काले धागे को उस पर फेंक दिया। वह धागा उसके सिर पर जा उसके खुले बालों की तरह लहराने लगा। वह उसे यूँ हटा रही थी जैसे उलझे बालों को सुलझा रही हो और टूटे बालों को उड़ा रही हो। वे टूटे बाल उसके हाथों से लहराते मेरे चेहरे पर आ रहे थे।

वह हँस रही थी और उसे देख मैं भी उसकी तरफ दौड़ता हुआ हँसने लगा।

जैसे ही उन बालों ने किसी काली सड़क की मोटी रस्सी की तरह हम दोनों को बाँधा, मेरी आँखें खुल गईं।

सामने वही सड़क मरे साँप की तरह पड़ी थी। आगे अँधेरा उस मरे साँप के काले खून की तरह जमा था।

# 2

मैंने दरवाजा खटखटाया। खटखटाने के बाद याद आया, कितने बरस हुए मैंने कोई दरवाजा नहीं खटखटाया। यह खतरा पूरी देह पर दौड़ने लगा कि दरवाजा कहीं मेरी पीठ पीछे न आ जाए। मैं तुरन्त पीठवाली जगह मुँह कर खड़ा हो गया। मेरी पीठ पर कोई अपना हाथ टिकाए खड़ा था।

# 3

जब तक वहाँ नहीं रहो लगता है कहीं कोई घर है इसलिए, दुनिया में भटक लेना चाहिए...जब कभी थकेंगे, हारेंगे या मरेंगे तो एक घर तो है ही...आ जाएँगे। यूँ वह घर अपनी लगभग पूरी उम्र पहली बार जाते लोगों की पीठ की स्मृति में ऊँघता-झड़ता रहता है।

यह ऊँघना-झड़ना इतना अधिक गहरा जाता है कि ऐसे में अगर कोई यहाँ आ जाए तो उसे इस घर का चेहरा नहीं, पीठ ही दिखाई देगी।

पूरा घर औंधा पड़ा मानो किसी का इन्तजार कम शोक अधिक करता लगता है। जितना ही शोक अपने भीतर धँसने लगता है उतना ही उस पर झुका आदमी और अधिक सुध-बुध खोया सा उस जगह को घूरने लगता है इतना कि उसकी आँखों से आँसू आने लगते हैं।

दूर से देखने पर लगेगा, दूर से यानी यदि घर का दरवाजा खुला

हो तो वहाँ से, यदि खिड़की खुली हो तो वहाँ से, यदि घर में ही कोई दूसरा हो तो उसे...लगेगा जैसे उसका उस जगह कुछ खो गया है... या जो खो गया है उसे उस जगह के अँधेरे ने लील लिया है...या उस लीलने में भी कुछ अंश बाहर रह गया है जो घूरनेवाले की आँखों की जकड़ में है...यदि उसने पलक भी झपकाई तो वह चीज पूरी भीतर धँस जाएगी।

ऐसे में दरवाजे पर दस्तक ! मगर जो बाहर खड़ा है उसे तो यूँ लगता है जैसे उसके जाने की घड़ी के बाद से ही—जब से दरवाजा बन्द किया गया है, कुंडी लगाई गई है—तब से—बन्द करनेवाला दरवाजे से हटा ही नहीं है। उसका चेहरा अब भी दरवाजे के सामने ही है। ऐसे में यदि दरवाजा खोलने में देरी हुई तो वह यही सोचेगा कि मेरे जाने की ही घड़ी देखी जा रही थी।

वह दस्तक करते वक्त यह कैसे और क्यों सोचेगा कि जिस घर के दरवाजे के बाहर वह खड़ा है उसी घर के भीतर ऐन आँगन के बीच कुछ धँस-फँस गया है—या तो उसे खींच लिया जाए या दरवाजा खोल लिया जाए।

काफी देर तक सोचने के बाद तय किया जाता है कि पहले दरवाजा ही खोल लेना चाहिए। नहीं तो कहीं यह न हो जाए कि जब दरवाजा खोलें तो पाएँ, वहाँ से जिसे भीतर आना था वह बाहर से ही बाहर चला गया है।

बरसों से किसी दस्तक पर जिसने दरवाजा न खोला हो...जिस दरवाजे पर बरसों तक कोई दस्तक न हो तो भीतर बैठे आदमी के लिए बड़ी मुश्किल हो जाती है। जिधर से कुंडी खोलनी चाहिए वह उधर से उसे निरन्तर घुमा-घुमाकर बन्द करता रहता है।

## 4

"अरे खुल ही नहीं रहा...कल तो खोला था।" तब बाहर से हँसता हुआ कोई कहेगा, "हो सकता है आज जैसे खोल रहे हो कल वैसे बन्द किया हो।"

"इसे कैसे मालूम ?" वह खोलने को (या बन्द करने को) बीच ही में छोड़ सोचने लगेगा।

"कुछ तुम भी कोशिश करो बाहर से...पुराना दरवाजा है...एक बार बन्द होने पर आसानी से खुलता नहीं है।" तब भीतरवाला कहेगा और यह कह कुछ राहत महसूस करेगा कि अब दरवाजे के खुलने या न खुलने में सिर्फ वह ही जिम्मेदार नहीं होगा।

"बाहर से तो खुला ही है...कहो तो बन्द कर सकता हूँ...मगर तब तुम कैसे खोलोगे ?" उसका कहना इतना सीधा होगा कि भीतरवाला खीज में अपने पैर पटकने लगेगा।

"अच्छा ठीक है...तुम बाहर से ही बन्द कर दो...हो सकता है तब यह भीतर से खुल जाए।"

बाहर खड़ा आदमी हँसने लगा।

"यानी तुम चाहते हो अन्त में दरवाजा मैं खोलूँ...मगर मेरे खोलने से होगा क्या ? मैं तो बाहर का बाहर ही रहूँगा ना...मुझे तो भीतर आना है।"

भीतरवाला आदमी कुछ देर चुप रहने के बाद कहेगा, "अच्छा ठीक है, जब तुम इतनी देर बाहर खड़े रहे हो तो कुछ देर और रह लो...तब तक मैं कोई उपाय सोचता हूँ...अगर तुम्हें प्यास लग रही हो तो सामनेवाले घर का दरवाजा खटखटा लो...तुम वहाँ से पानी माँग सकते हो।

बाहरवाला आदमी मुड़कर इस दरवाजे के सामनेवाले घर के दरवाजे की तरफ देखने लगा। वहाँ ताला लगा था।

## 5

भीतर वह फिर से आँगन में उसी जगह पर उसके चारों तरफ घूमने लगा–जैसे परिक्रमा कर रहा हो। फिर उकडू बैठ गया–जैसे कुछ याद कर रहा हो।

"जो भीतर धँस गया है, लील लिया गया है उसे खींचने में कहीं मैं ही नहीं धँस जाऊँ !"

इतना सोचते ही उसकी पूरी देह पर पसीना चमकने लगा। बाहर जो खड़ा है वह अगर यह काम करे तो ज्यादा ठीक रहेगा–वह धँसेगा नहीं क्योंकि उसे यह पता नहीं है कि धँसनेवाला धँसा कैसे था।

"तुम गए तो नहीं ?" उसने आँगन से ही आवाज लगाकर पूछा।

"जाता कैसे तुमने तो कहा था दरवाजा खोलने का उपाय ढूँढ़ रहे हो।" बाहरवाले आदमी का गला सूख रहा था।

"तो ठीक है तुम दरवाजे को अन्दर धकेलो, मैं बाहर

धकेलूँगा...तब कुंडी कभी इधर–कभी उधर घूमती खुल जाएगी।"

दोनों दरवाजे को धकेल रहे थे। एक भीतर से बाहर को, एक बाहर से भीतर को...दोनों की साँसें फूल रही थीं। फूलती साँसों पर दरवाजे के चरमराने का शोर था। दोनों की देह पर पसीना बह रहा था। दूर से देखने पर लगता जैसे वे नहीं हिल रहे हैं बल्कि वह घर ही हिलहिलकर उन्हें हिला रहा है।

पता नहीं वे कितनी देर तक हिलते रहे या हिलाते रहे। काफी देर से उनमें आपस में कोई बात नहीं हुई।

बाहरवाला आदमी थकान और प्यास के बीच फिर से उस दरवाजे की तरफ देख रहा था जहाँ से उसे पानी पी लेने को कहा गया था और जहाँ ताला लगा था। वह इस वक्त दरवाजे के खुलने की चिन्ता से दूर खड़ा यह सोच रहा था, अगर उसे कोई पानी पिलाता तो वह कैसे पीता–यह सोचता वह निरन्तर लोटे पर लोटा पानी पीए जा रहा था...यह आखिरी बार था इसके बाद यह कहा जानेवाला था कि अब पानी खत्म हो गया है। तब उसे पता चलता उसने कितना पानी पी लिया है।

कितना पानी पी लिया है ?

वह सोचने लगा। उसे अपनी प्यास का स्मरण ही नहीं रहा था। बल्कि उसे लग रहा था उसने इस कदर पानी पी लिया है कि उससे अब न तो ढंग से खड़ा हुआ जा रहा है न ही बैठा जा रहा है।

## 6

"देखो आखिरी बार कह रहा हूँ भीतर आना है तो आ जाओ... पानी-वानी पीओ...कब से प्यासे खड़े हो।"

वह दरवाजा खोले खड़ा था।

उसे देख पहली बार में बाहरवाले को लगा जैसे दरवाजा उसने खोला है। जैसे उस तरफ भी वह ही है।

"लो...पानी पीओ।"

"पानी तो मैं पी चुका।"

"कहाँ से...?"

"उस घर से।"

"मगर वहाँ तो ताला लगा है !"

"हो सकता है मुझे पानी पिला वे लोग कहीं चले गए हों।"

वह अचानक बाहर से आए आदमी पर झपटा और भीतर खींच

दरवाजा बन्द करने लगा। उसकी पीठ दरवाजे पर थी।

"क्या सचमुच उसने तुम्हें पानी पिलाया ?"

"हाँ...पिलाया।"

"कैसी थी वह ?"

"यह तो मैंने देखा ही नहीं।"

"फिर भी कुछ तो देखा होगा ?"

"मुझे प्यास बहुत तेज लग रही थी...मुझे तो यह भी नहीं मालूम कि मुझे पानी किसने पिलाया...किसी औरत ने या...।"

"मगर वह तुम्हें कैसे पानी पिला सकती है ?"

"क्यों...क्यों नहीं पिला सकती ?"

"यह तुम नहीं समझोगे।"

"मगर मैंने पानी पीया है...क्यों नहीं समझूँगा।"

वह अचानक खड़ा हुआ और दरवाजा खोल बाहर जाने लगा। उसे बाहर जाते देख उसने उसे एक झटके से भीतर खींचा और जोर से दरवाजा बन्द कर लिया।

"कहाँ जा रहे थे ?"

वह शायद डर गया था। वह उसे घूर रहा था। शायद कुछ काँप भी रहा था।

"क्या हम सारी रात यहीं खड़े रहेंगे...मैं इतनी दूर से आया हूँ...थका हुआ हूँ।"

उसे लगा जैसे वह किसी गलत घर में आ गया है। और जब तक सामनेवाला आदमी आगे बढ़कर घर की बत्तियाँ नहीं जला देता, कमरा नहीं खोल देता तब तक उसे वहीं खड़ा रहना होगा। और सामनेवाले आदमी को कोई जल्दी नहीं थी। उसने जाहिर किया जैसे उसने कुछ सुना ही नहीं है। वह किसी दूसरे सोच में डूबा फिर से आँगन में उसी जगह आकर बैठ गया। बैठते वक्त उसने गहरी साँस ली। उसने इस पर गौर नहीं किया कि वहाँ दरवाजे के पास खड़ा आदमी क्या कर रहा है, बल्कि उसके भीतर उस आदमी के फिर से बाहर चले जाने को लेकर अजीब सी कसमसाहट थी।

# 7

वह देख रहा था कि कुछ देर पहले आँगन के बीच जहाँ वह उकड़ू बैठा था वहाँ वह आदमी उकड़ू बैठा है और उसी जगह देख रहा है जहाँ वह देख रहा था। ठीक उसी की तरह। वह भी उसके सामने उकड़ू बैठ गया। काफी देर तक वह इन्तजार में बैठा रहा कि सामनेवाला आदमी कुछ कहेगा...बल्कि कहीं अचानक दहाड़ें मार रोने न लग जाए। वह सोचने लगा जब वह अकेला यहाँ बैठा था तब उसके भीतर भी कोई मरोड़ उठ रही थी, दम तोड़ रही थी। मगर अब उसके सामने एक और आदमी बैठा था।

"क्या हुआ ?"

"... ...।"

"क्या देख रहे हो ?"

"... ...।"

"कुछ याद आ रहा है क्या ?"

"... ...।"

"कुछ भूल गए हो क्या ?"

"... ...।"

इसके आगे उससे कुछ पूछा नहीं जा सका। उसे लगा जैसे वह अपने से ही कुछ पूछ रहा है। और अगर यूँ ही पूछता गया तो वह अपने सिर के बाल खींच लेगा और आँगन में उड़ा देगा। अनजाने में ही वह किसी पर सेंध लगाने में खुद को विवश पाने लगा। जितना ही सेंध की बीहड़ में वह उतर रहा था बल्कि फिसल रहा था उतना ही डरता जा रहा था। अगर उसने अचानक वही बोलना शुरू कर दिया जो आँगन में कहीं घुट रहा है तो वह क्या करेगा ? क्या उसका मुँह बन्द कर देगा ? या अपने कानों में अँगुलियाँ धँसा लेगा या दीवारों से सिर टकराएगा।

सामने वह अब भी वैसे ही बैठा था। जैसे यहाँ इसी काम के लिए आया हो। आते ही अपने काम पर लग गया था। जैसे काम खत्म कर जाने की जल्दी...किसी को कुछ खबर करनी हो। "यहाँ कुछ है।" वह नीचे देखता हुआ अपने से कह रहा था।

सामने वह चौकस हो गया।

"रात को जब मैं कमरे से इधर आता हूँ तो लगता है...।" वह चुप हो गया।

उसके चुप होते ही वह खड़ा हो गया। जैसे कहीं भाग जाना चाहता हो मगर किसी ने उसके पाँव पकड़ लिए हैं या किसी चीज में उसके पाँव उलझ गए हैं। वह फिर से उकड़ू बैठ गया। उसके बैठते ही सामनेवाला आदमी यूँ खड़ा हो गया जैसे किसी को कुछ समझा रहा हो। "रात को जब मैं कमरे से इधर आता हूँ तो लगता है...।"

वह उकड़ू बैठा उसे देख रहा था। वह खड़ा था। जैसे वह कहीं जाना चाहता हो मगर किसी ने उसके पाँव पकड़ लिए हैं या किसी चीज में उसके पाँव उलझ गए हैं। वह फिर से उकड़ू बैठ गया।

बैठते ही उसने गहरी साँस ली। उसके खड़े होने पर उसे पहली बार में लगा वह उसे बातों में लगा भाग जाना चाहता है। उसके बैठने

पर उसे तसल्ली हुई। उसने अनुमान लगाया कि यह अब नहीं भाग सकता।

उसे कुछ देर पहले की बात याद हो आई जब उसने इसे कहा था कि उसने सामनेवाले घर से पानी पीया है। लेकिन अगर उसने वहाँ से पानी पीया है तो...मगर यह कैसे हो सकता है ? वह झुककर उसके चेहरे को देखने लगा। शायद वह सोच रहा था कि ऐसा करने से उसे कोई सही-सही जवाब मिल जाएगा।

बहुत देर तक देखने के बाद भी उसे उसका चेहरा ठीक-ठीक दिखाई नहीं दिया। शायद वह अब उसके सामने पीठ कर बैठ गया है। वह उसके सामने जाने के लिए उठा।

"कहाँ जा रहे हो ?"

"कहीं नहीं।"

"तो फिर मेरी तरफ पीठ कर क्यों बैठे हो ?"

पता नहीं उसकी आवाज में हँसी थी या याचना या धमकी।

"पीठ तो तुमने कर रखी है।"

"और तुमने ?"

वह फिर से बैठ गया। बैठकर वह सामने नहीं नीचे देख रहा था। जैसे नीचे कोई पानी भरी परात है जिसमें उसे उसका चेहरा दिखाई दे जाएगा।

"यहीं इसी जगह जहाँ तुम देख रहे हो रात को जब मैं कमरे से इधर आता हूँ तो लगता है... ।"

वह फिर चुप हो गया। उसने कुछ पूछा नहीं। वह उस जगह और झुककर देखने लगा जैसे उसे बता रहा हो कि जो कुछ उसने कहा है उसी वजह से वह वहाँ देख रहा है।

"कुछ दिखाई दिया ?"

वह उससे पूछ रहा था। पता नहीं उसकी पीठ उसकी तरफ थी या चेहरा।

"कहते डर रहे हो ?"

पता नहीं वह डरा रहा था या धमका रहा था या उकसा रहा था।

"कुछ सुन रहे हो क्या ?"

"... ...।"

"मैंने तो पहले ही कहा था कि इस जगह...।"

"शी...।" वह नीचे देखता हुआ होंठों पर अँगुली लगाए उसे चुप रहने का इशारा कर रहा था। वह चुप हो गया।

"नींद में अचानक आधी रात के वक्त मेरी नींद टूट जाती है...लगता है जैसे बाहर कोई बुला रहा है...मैं धड़धड़ करता लपकता हूँ मगर यहाँ आते-आते मेरे पाँव धँस से जाते हैं।"

वह सुन रहा था। वह कह रहा था। दोनों पसीने से भीगे थे। आँखें जल रही थीं। दोनों ने आँखें बन्द कर लीं। दोनों एक-दूसरे की पीठ-से-पीठ सटाए बैठे थे। कोई भी सामने आना नहीं चाहता था। कोई भी पीछे नहीं जा सकता था।

"तो तुमने खूब पानी पीया ?"

"मैंने...मैंने कब पीया ?"

"तुम्हीं तो कह रहे थे कि सामनेवाले घर से तुम्हें पानी पिलाया गया था।"

"मैंने तो किसी से नहीं कहा...वहाँ तो ताला लगा है...।"

वह हँसा तो दूसरा भी हँसने लगा। दोनों हँस रहे थे। उनकी हँसी से पूरा घर हँसी में हिलता सा लग रहा था। आँगन हँसी में पिघल रहा था जिसमें वे डूब रहे थे, धँस रहे थे। डूबते-धँसते ही वे दरवाजे की ओर लपके। जैसे बरसों बाद किसी ने दरवाजे पर दस्तक दी हो।

मगर बाहर कोई नहीं था। दस्तक भी नहीं।

वे दोनों दरवाजा खोले खड़े थे। सामनेवाले घर के दरवाजे पर ताला लगा था। दोनों उसे देख रहे थे।

"तुमने ये क्यों कहा कि सामनेवाले घर से पानी पीलो ?"

"तुमने ये क्यों कहा कि तुमने सामनेवाले घर से पानी पीया था ?"

वे एक-दूसरे को नहीं, सामनेवाले घर पर लगे ताले को देख रहे थे।

"इसीलिए मैं कभी दरवाजे पर ताला नहीं लगाता।"

"क्यों ?"

उसने कोई जवाब नहीं दिया। वह भीतर गया। वहाँ से उसने उसके लिए मटकी से लोटा भरा और उसे दे दिया।

"लो पानी...।"

"कहाँ है ?....यह तो खाली है ?"

"जैसे पहले पीया था वैसे ही पीलो।"

उसने लोटे को मुँह से लगाया और लम्बे-लम्बे घूँट भरने लगा। एक लम्बी साँस लेने के बाद फिर से घूँट भरने लगा।

"अब बस करो...यह आखिरी लोटा है अब नहीं दूँगा।"

उसने लोटा उसकी तरफ खिसका दिया। उसे लगा उसने बहुत ज्यादा पानी पी लिया है...प्यास से भी ज्यादा।

वह दरवाजा बन्द कर रहा था। वह उसके पीछे खड़ा था। शायद दोनों तय नहीं कर पाए थे कि कौन पहले आँगन में जाए। दोनों वहीं खड़े रहे। वहीं से आँगन को देखते रहे। वहाँ से उन्हें वह जगह दिखाई नहीं दे रही थी जहाँ वे दोनों उकड़ू बैठे थे। मगर अब दूर खड़े थे। उन्हें यह भी लग रहा था अगर उन्होंने कुछ देर और कर दी तो आँगन किसी रूमाल की तरह लहराकर उनके पाँवों के पास आ गिरेगा और उसमें वे धँस रहे होंगे, डूब रहे होंगे। कोई उन्हें भीतर खींच रहा होगा। या शायद वे किसी को बाहर खींच रहे होंगे या किसी को भीतर धँसा रहे होंगे।

"वह क्या चाहता है ?"

वह उससे पूछ रहा था और आँगन को घूरे जा रहा था।

"वह पूछना चाहता है कि सामनेवाले घर का दरवाजा कब खुलेगा।"

"तो बता क्यों नहीं देते ?"

"क्या ?"

दोनों चुप थे। दरवाजा खोल दोनों फिर से सामनेवाले घर के बन्द दरवाजे को देख रहे थे।

# 8

बीच में सड़क थी। किसी काली नागिन की तरह बहती। जिसकी पूरी देह कहीं को सरकती लगती। पता नहीं चलता किस तरफ सरक रही है। किस तरफ मुँह है किस तरफ पूँछ। दोनों किनारों पर दोनों घर थे। सरकते। घिसटते। दोनों घर अपने घिसटने-सरकने में एक-दूसरे को मात देना चाहते थे। कभी-कभी तो वे एक ही जगह खड़े लगते। फिर जैसे कोई पीछे से धक्का देता और वे नींद में से बाहर धकियाए से सरकने लगते। वे शायद जानते थे कि जो पहले आगे पहुँच जाएगा वही डसा जाएगा। मगर जो पीछे रह जाएगा वह भी बच नहीं पाएगा। उसे यह सड़क अपने में कसकर मार देगी। उसकी हड्डियाँ तोड़ देगी।

# 9

दोनों को लग रहा था जैसे वे किसी रेल के डिब्बे में बैठे खिड़की से उस घर पर लगे ताले को देख रहे हैं। उन्हें यह पता था कि यह रेल कभी भी खिसकने लग जाएगी। भीतर-ही-भीतर वे डर भी रहे थे कि अगर रेल के साथ-साथ यह घर भी भागने लगा और इनकी खिड़कियों से झाँक-झाँककर हाँफती साँसों में बिंधा पूछने लगा कि उसका ताला कब खुलेगा ? तो वे क्या जवाब देंगे।

दोनों एक साथ उठे और दरवाजा बन्द कर लिया।

"अगर किसी ने बाहर ताला लगा दिया तो ?"

"कौन लगाएगा ?"

"हो सकता है सामनेवाले घर का दरवाजा खोल अपने दरवाजे पर लगा दे।"

"कौन ?"

"जो वहाँ से चला गया है ?"

"कौन ?"

"जिसका वह घर है।"

"किसका है ?"

वह चुप हो गया। और सोचने लगा हो सकता है यह जानता हो और अनजान बन रहा हो। उससे कुछ उगलवाना चाहता हो। मगर उसके पास उगलने के लिए है ही क्या ? लेकिन अगर कुछ नहीं है तो वह यहाँ क्या कर रहा है !

कहीं मैंने गलती से किसी दूसरे घर पर तो दस्तक नहीं दे दी !

हो सकता है मुझे सामनेवाले घर जाना था और मैं इधर आ गया। मगर सामनेवाले घर पर दस्तक देने से क्या होता ? वहाँ तो ताला खोलना पड़ता। और ताला खोल दस्तक देने में कोई तुक नहीं होती। मगर कहीं ऐसा तो नहीं उसे उसी घर जाना हो और ताला खोलना हो...चाबी ही उसने गुम कर दी हो। तब फिर इस घर पर दस्तक क्यों दी ? क्या यह पूछने कि उसकी चाबी कहाँ खो गई है !

कहीं जानेवालों ने एहतियातन चाबी इस घर में दे दी हो कि सफर में खो जाएगी। लौटेंगे तब चाबी यहाँ से ले लेंगे।

मगर उस घर में उसे मिलना किससे था ?

## 10

जैसे-जैसे रेल गति पकड़ रही थी सामनेवाला घर भी अपनी गति बढ़ाता जा रहा था। यूँ भी लग सकता था कि घर के भागने पर रेल भी उसके साथ भाग रही थी। दोनों एक-दूसरे से बँधे एक-दूसरे को खींच रहे थे। शायद घर रेल को या शायद रेल घर को। दोनों में से अन्त में जिसकी गति धीमी पड़ जाएगी वह दूसरे की पतंग बन साथ-साथ उड़ने लगेगा। अपने हाथ-मुँह-सिर टकराता...लहूलुहान।

वे दोनों खिड़की में से देख रहे थे। उन्होंने खिड़की के शीशे नीचे कर लिए थे। कोई भी दूसरे को नहीं देख रहा था। दोनों अलग-अलग तरफ देख रहे थे। एक डिब्बे की दूसरी तरफ की खिड़की से देख रहा था दूसरा दूसरी तरफवाली से। दोनों ये सोच रहे थे कि दूसरे को पता नहीं है कि उसकी खिड़की के उस तरफ कोई भाग रहा है, लहूलुहान।

रेल में उस डिब्बे में वे दो ही थे।

उस रेल में वही एक डिब्बा था।

इंजन को भी उन्हीं में से कोई चालू कर आया है। जिसका वह रोज का रास्ता है। पटरी पर फिसलना है रुकना तभी है जब कोई पीछे से या तो आवाज दे या खींचे।

वह आवाज नहीं दे रहा था सिर्फ खींच रहा था। या शायद आवाज भी दे रहा हो मगर भीतर आवाज जा नहीं पा रही हो...शीशे पर फिसल रही हो...पहियों नीचे कुचली जा रही हो।

बहुत देर तक दोनों अपलक शीशे के बाहर देखते रहे। फिर एक साथ दोनों ने शीशा ऊँचा किया। बाहर कोई नहीं था। दोनों अपनी-अपनी खिड़कियों से बाहर देखने लगे।

"कोई नहीं है।"

"कोई नहीं था।"

इस बार दोनों बाहर देख रहे थे जैसे उन्हें अपनी खिड़की से देखने पर यकीन न आ पा रहा हो इसलिए दूसरे से करवा लेना चाहते हों।

एक ने बाहर देखते हुए ही कहा, "कोई नहीं है।"

दूसरे ने भी बाहर देखा। उसे वहाँ कोई दिखाई नहीं दिया। उसने तसल्ली कर लेने के लिए अपना हाथ खिड़की से बाहर निकाला और हवा में इधर-उधर लहराया। बाहर ठंडी हवा थी।

"यहाँ भी कोई नहीं था...।"

इतना कहते-कहते उसका हाथ सूत की तरह खिंचने लगा। और वह गाँठ की तरह खुलने लगा। कोई उसे बाहर खींचे जा रहा था गाड़ी की उलटी दिशा में। वह पूरी ताकत लगा अपना हाथ छुड़ाना चाहता था।

उसका हाथ लम्बा होता जा रहा था।

उसे देख दूसरे ने भी खिड़की से बाहर हाथ लहराया। वहाँ कुछ नहीं था। उसने और अधिक हाथ बाहर धकेला और लहराया। वहाँ कोई नहीं था। उसे तसल्ली हुई कि उसे कोई नहीं खींच रहा। उसने दूसरे की तरफ देखा...जैसे उसे बताना चाहता हो कि उसकी खिड़की के बाहर कोई नहीं है, "इस खिड़की के बाहर कोई नहीं है...ये देखो।"

उसने उसे दिखाने के लिए हाथ हिलाना चाहा मगर उसका

हाथ हिल नहीं खिंच रहा था। पीछे की तरफ लम्बा, लम्बा और लम्बा...सूत की तरह।

अब दोनों तरफ से दोनों के हाथ खींचे जा रहे थे। जैसे दो पतंगें उड़ नहीं बल्कि किसी को खींच रही हों।

इंजन को रुक जाना चाहिए था।

पीछे से कोई खींच रहा था या शायद आवाज दे रहा था।

# 11

वहाँ कोई खड़ा था।

सीधा। तना।

सड़क उसके पास दौड़ी जा रही थी और वहाँ पहुँच अपने दौड़ने का कारण समझ न पाने के कारण बिखरी जा रही थी। उस बिखरेपन पर वह खड़ा था। उसकी देह पर शायद कोई कपड़ा नहीं था। सड़क पर उसकी छाया थी जैसे ढेरों कपड़े पहन रखे हों। उसकी देह पर पिघलती सड़क की चमक थी...जिसमें वह ताँबई साँचे में ढला लग रहा था। उसके पीछे कुछ दिखाई नहीं दे रहा था। शायद उसकी पीठ थी ही नहीं।

वह उसके पास पहुँचा। जैसे उफनती नदी में बहता ढहता पहुँचा हो। उसने देखा और आँखें बन्द कर लीं। वहाँ उसी लड़की का चेहरा था जो उसे आरम्भ में उस घर पर दस्तक देने से पूर्व सड़क पर मिली

थी। तब उसने उसके चेहरे को नहीं देखा था।

वह हँसी थी, उसे याद आया, वह भी हँसा था दौड़ता हुआ—उसे यह भी याद आया।

तो क्या यह तब से यहीं खड़ी है। इस यकीन के साथ कि मैं लौटकर इसी के पास आऊँगा।

उसने कुछ देर और अपनी आँखें बन्द कर लीं। आँखें बन्द करते ही महसूस हुआ जैसे बाहर का शोर भी आँखें ही सुन रही थीं। बन्द आँखों में ही उसकी देह का उसने स्मरण किया। वहाँ वह नहीं थी। उस देह में वह कहीं नहीं थी जिसका कि वह चेहरा था। एक पुरुष देह जैसे किसी ने किसी पत्थर पर उकेर दी हो। काले पत्थर पर। और चेहरा भूल गया हो। या यह भी हो सकता है कि चेहरा बनाते समय चेहरा याद रहा हो मगर उसके बाद भूल गया हो और किसी और की देह बनाने लग गया हो।

उसने आँखें बन्द ही रखीं। सिर्फ उसे छूने के लिए हाथ बढ़ाया। उसका बढ़ता हाथ देख उसने भी हाथ बढ़ाया। उसने अपना बढ़ता हाथ रोकना चाहा मगर तब तक उसने उसका हाथ पकड़ लिया था। पहली बार में उसे लगा जैसे उसके हाथ में मांस बिल्कुल नहीं है, सिर्फ हड्डियाँ हैं।

"तुमने आँखें क्यों बन्द कर रखी हैं ?"

यह उसी लड़की की आवाज थी जो उसे सड़क पर मिली थी...अपने टूटे बाल उसके चेहरे पर उड़ाती। वह आँखें खोलने ही वाला था...मगर वे उसके भय से चिपक गई थीं। उसका हाथ उस देह पर कोई फिरा रहा था। भय के हर अँधेरे कोने को बाहर निकालता और परिचय के ठहराव को खोजता। जैसे-जैसे उसका हाथ उसके हाथ की गिरफ्त में कसता जा रहा था वैसे-वैसे उसकी देह भी गाढ़े काले तरल में तब्दील हुई जा रही थी जिसमें उसका हाथ लिथड़ा जा रहा था।

"तुम वहाँ किससे मिलने गए थे ?"

"मैंने सिर्फ दरवाजे पर दस्तक दी थी।"

"उसी दरवाजे पर क्यों ?"

"सामनेवाले दरवाजे पर ताला था।"

"तो क्या हुआ ?"

"उसकी चाबी मेरे पास नहीं थी।"

"फिर तुम भीतर क्यों गए ?"

"उसने खींच लिया था।"

"क्या कह रहा था ?"

"कह रहा था कि आँगन में रात को...।"

"हाँ...हाँ...कहो...रात को क्या...क्या रात को...?"

उसने उसका हाथ छोड़ दिया था या उससे छूट गया था। वह वहीं सड़क पर ही घुटनों पर सिर रख बैठ गया। सोचने लगा कहीं वह अपनी ही बात तो नहीं कह रहा या उसी ने खुद ऐसा तो नहीं कहा ! तो फिर उसने क्या कहा था ?"

"कुछ भूल गए हो क्या ?"

"ऐसा ही लगता है।"

"या भूलने में मुझे भुलाना चाहते हो।"

उसने कोई जवाब नहीं दिया। उसके चुप रहने पर उसने अपना वही हाथ उसके कन्धे पर रख दिया।

"कुछ कुछ मुझे मालूम है।"

"क्या...?"

"उसने कहा होगा कि आधी रात के बाद उसकी नींद टूट जाती है और वह धड़धड़ करता हुआ आँगन की तरफ भागता है।"

"तुम्हें कैसे मालूम ?" वह चीखा।

"पहले सुनो।" वह नहीं चीखा, "आँगन के बीच उसकी पीठ पीछे से कोई उसे जमीन में खींचता सा लगता है...जैसे उसके पाँव कहीं धँस या फँस गए हैं।"

उसने आँखें खोल दीं। सामने वह कहीं नहीं था। उसने पीछे मुड़कर देखा वहाँ वह उसकी तरफ पीठ किए खड़ा था। वह खड़ा हो उसकी तरफ लपका मगर तब तक वह आगे जा चुका था। जैसे-जैसे वह उसकी तरफ जाने के लिए गति बढ़ाता उतनी ही उन दोनों में दूरी बढ़ती जाती।

वह डर गया और वहीं बैठ गया। घुटनों पर सिर रखे–आँखें बन्द किए।

"तुम यहाँ किसलिए आए हो ?"

यह उसी की आवाज थी। उसी का हाथ भी। जो छाया उस पर गिर रही थी वह भी उसी की थी। उसने हिम्मत की कि उसे देखे...उसका चेहरा।

# 12

वह उससे दूर बैठा था। उसे एकटक घूरता। निहारता। मन्त्रमुग्ध या भययुक्त। किसी काली चट्टान के तराशे टुकड़े सा वह खड़ा था। रोशनी के दो कपाटों के भीतर की पतली, सुदृढ़ दरार की तरह। मगर देह वह नहीं थी जिसे कुछ देर पहले उसने उसका हाथ पकड़ छुआई थी। न ही इस बार वह उसका हाथ पकड़ रहा था और अपनी देह पर फिरा रहा था। उसे लगा यह देह तो वह पहले कहीं देख चुका है।

स्त्री देह !

और चेहरा ! वह नहीं था जो कुछ देर पहले था। वह लड़कीवाला चेहरा जैसे घूमकर पीठ पीछे चला गया था उसकी जगह वह था...यानी उसका चेहरा। आधा...। एक आँख पर उसने हथेली रख रखी थी। दूसरी खुली थी। अपलक। पथराई।

"तुम यहाँ किसलिए आए हो ?"

सवाल वही था मगर आवाज उस लड़की की नहीं बल्कि किसी आदमी की थी।

"तुम कौन हो ?"

वह हँसा।

"तुमने यह हाथ आँख पर क्यों लगा रखा है ?"

"तभी तो मैं तुम्हें देख पा रहा हूँ।"

"और इस आँख से ?"

"यह भ्रम है।"

"और तुम ?"

वह उठा और उसे छूने के लिए आगे बढ़ा।

# 13

सड़क किसी काली सर्पिणी की तरह रात-दिन जागती रहती। साँप के इन्तजार में या जिसने साँप को मारा उसके इन्तजार में या अपने मर जाने के इन्तजार में। अक्सर सड़क अपनी पूँछ खा लेती। अक्सर उसके किनारों पर खड़े घर उसके द्वारा डस लिए जाते। अक्सर इस घर का ताला उस घर पर लग जाता। सड़क पर बाकी लोग तभी गुजरते थे जब उन्हें किसी को दफनाना या जलाना होता था। कभी-कभी दोनों घर सड़क के पंख बन जाते और यह अपने पंख फड़फड़ाती उड़ने लगती। किसी सर्पीली पतंग की तरह। जब किसी घर के दरवाजे पर दस्तक होती तो सड़क पीठ पीछे के घर का ताला बन जाती। और आनेवाले को पानी पिलाती।

# 14

वहाँ वह आवाजें लगा रहा था। लगभग चीख रहा था। बीच-बीच में सिसक भी रहा था। कभी-कभी हँसी भी फूट पड़ती थी। दरवाजे पर ताला था और वह उसी दरवाजे के सामने खड़ा था। जितनी दूर तक घर का दायरा था वह वहाँ तक जाता फिर लौट आता...जैसे नाप रहा हो कि इतने बरसों में कहीं घर छोटा या बहुत बड़ा तो नहीं हो गया है। पहली बार जब उसने नापा था तब कुछ ही कदमों में लगभग भागते हुए उसने घर को नाप लिया था और सोच में पड़ गया था कि घर छोटा कैसे हो गया। फिर जब दिन ढलने लगा और वह भी थककर चूर हो गया तो उसकी चाल बिल्कुल खड़े रहने सी हो गई तब उसे घर बहुत बड़ा लगने लगा। अन्त में हारकर वह दरवाजे के सामने बैठ गया। बैठे-बैठे उसे नींद आने लगी तो खुले बरामदे में जमीन पर लेट गया। पलकें भारी थीं और पाँव थकान से फट रहे थे।

नींद में भी वही घर था। ताला लगा। उसने ताला देखा और मुस्कुराया। अपने तकिए में से उसने चाबी निकाली तो उसे अपने ही घर के बाहर लेटना अजीब सा लगने लगा और समझ नहीं पा रहा था कि वह अपने ही घर के बाहर बरामदे में क्यों लेटा। चाबी ताले के भीतर गई ही थी कि वह खुलकर लटक गया। पुराने नौकर की तरह...और पसीना पोंछने लगा। कमर सीधी करने लगा।

उसने दरवाजा खोला ही था कि उसके पाँव वहीं जम गए। शायद कोई आँगन से घुटनों के दर्द की परवाह किए बगैर उसकी तरफ भागा आ रहा था। आता जा रहा था...। फिर शायद आ नहीं पाया। शायद आँखों की रोशनी दग़ा दे गई। ज़ो भागकर आ रहा था वह घुटनों पर हाथ रखे फिर से बूढ़ी चारपाई पर जा बैठा। इस इन्तजार में कि जिसने दरवाजा खोला है वह उसे ढूँढ़ेगा। पहले ढूँढ़ लेने देना चाहिए। इस तरह भी कोई जाता है। पहले अपना घर तो देख ले। कहीं कुछ भूल न गया हो। फिर आएगा...और मेरे घुटनों पर सिर रख रोएगा।

"कहाँ गया था तूँ ?"

"... ...।"

"किसके पास गया था ?"

"... ...।"

"कौन है वह ?"

"... ...।"

"ऐसे भी कोई जाता है ?"

"... ...।"

"परोसी थाली छोड़ ?"

"... ...।"

"बाहर ताला लगाकर ?"

"... ...।"

"ये भी नहीं सोचा कि माँ किस तरह जीएगी...मरेगी ?"

और वह अपना हाथ उसके मुँह पर रख देगा। चारपाई के नीचे देखेगा। जैसे वह थाली अब भी वहीं पड़ी होगी।

"पर तूँ बोलता क्यों नहीं ?"

उसे चुप देख वह उसके कन्धे झकझोरेगी। उसे हिलाएगी। वह वहाँ से हटना चाहेगा। अपने कन्धे छुड़ाना चाहेगा।

"मैं वह नहीं हूँ।"

उसकी पकड़ और मजबूत हो जाएगी और साँस तेज-तेज।

"मैं वह नहीं हूँ।"

उसे अपनी आवाज में अपना चेहरा पिघलता दिखाई देगा।

"मैं वह नहीं हूँ।"

वह भूल जाएगा कि वह क्या था। वह भूल जाएगा कि वह क्या नहीं है। वह अपने होंठों पर हथेली रख लेगा मगर वहाँ से तब भी वही आवाज आएगी और उसे झकझोरेगी।

"मैं वह नहीं हूँ।"

"मुझे मालूम है।"

"क्या...?"

वह चीखकर किसी झटके से दूर हटने की बजाय उसके घुटनों में और गहरे अपना चेहरा रख देगा। उन घुटनों में से उसे दर्द की भाप उठती महसूस होगी। उसके हाथ उसके सिर पर, कन्धों पर इधर-उधर यूँ आ जा रहे होंगे जैसे वे अन्धे हो गए हों या खेल-खेल में किसी चीज को वहाँ छुपा भूल गए हों...ढूँढ़ रहे हों।

"मेरी आँखों में देख।"

वह देखने लगा।

"क्या दिखाई दिया ?"

"पानी... ।"

"अरे प्यासा है तूँ ? वह रही मटकी जा पी ले।"

वह खड़ा हुआ और जहाँ मटकी बताई गई थी वहाँ देखने लगा। अँधेरे में मटकी किसी की पीठ की तरह दिखाई दे रही थी। उसने उसमें हाथ डाला। भीतर पानी था उस बूढ़ी औरत के चेहरे सा जिसे वह लोटे में भर अपने में उँडेल रहा था।

"अब बस कर इतना ही है।"

वह यूँ बैठी थी जैसे नाराजगी में चेहरा दूसरी तरफ कर लिया हो। पीठ उसकी तरफ।

"अब बता कहाँ गया था ?"

"मैं...।"

"अब यह मत कहना कि तूँ वह नहीं है।"

"तुम कौन हो ?"

"मुझे नहीं जानता ?"

उसकी आवाज सामने से नहीं बल्कि उसके भीतर से आ रही थी। सामने तो उसकी कमर हिल रही थी। चारपाई भी। वह मटकी से दूर हट गया। इस डर से कि कहीं मटकी भी उसकी पीठ की तरह हिलने न लग जाए। हिलती-हिलती उसके पैरों के पास गिर फूट न जाए।

"तूँ सामनेवाले घर में क्या कर रहा था ?"

"उसने मुझे भीतर खींच लिया था ?"

"तूँ उस दरवाजे पर गया ही क्यों ?"

"वहाँ ताला नहीं था।"

"इस दरवाजे पर क्यों नहीं आया ?"

"यहाँ ताला था।"

"चाबी तो तेरे पास ही थी ?"

"मैं भूल गया था।"

"उसने और क्या कहा ?"

"कह रहा था...आधी रात के बाद उसकी नींद टूट जाती है और वह धड़धड़ करता आँगन की तरफ लपकता है...वहाँ उसके पाँव धँस-धँस जाते हैं।"

वह हँसने लगी। उसकी पीठ हिल रही थी। उसके पास मटकी भी हिल रही थी। उसके भीतर पानी हिलोरें मार रहा था। जिसमें अँधेरा किसी काली बिल्ली सा गुर्रा रहा था। अपने पंजों से वह उसकी जबान भीतर खींच रहा था। उसे अपने पाँवों में आरी के चलने का अहसास हुआ...। अपने कानों पर हाथ रखे वह चारपाई पर बैठ गया। उसकी तरफ पीठ कर।

"उसने यह नहीं बताया...उसे मरे कितना अर्सा बीत गया है ?"

"किसने...?"

"जिसने तुझे भीतर खींचा था।"

उसे याद आया उसके चेहरे के बारे में वह कुछ नहीं जानता है। सिर्फ उसकी पीठ उसके स्मरण में है। तो क्या वह इतनी देर तक एक मृतक की पीठ-से-पीठ सटाए बैठा था। वह अपने हाथ पीठ पर फिराने लगा। वहाँ उसे लपटें उठती सी लगीं। बेचैनी में वह अपने हाथों को जमीन पर मारने लगा। तब तक मारता रहना चाहता था जब तक कि वहाँ से उस पीठ से सटे रहने की एक-एक स्मृति झड़ न जाए...मर न जाए।

"वह कौन था जिसने आवाज लगाई थी ?"

"कौन ?"

"जिसकी आवाज पर तूँ थाली छोड़ चला गया था।"

"मगर मैं वह नहीं हूँ।"

वह हँस दी। उसकी हँसी से चारपाई भी हिलने लगी। हिलने से हँसी आ रही थी या हँसी से हिल रही थी। वह भी हिल रहा था। तीनों हिल रहे थे। हँस किस बात पर रहे थे ? वह रोने लगी। चारपाई भी। शायद वह भी।

उसने पीछे देखा। वहाँ वह नहीं था।

वह चारपाई पर लेट गया।

वह भीतर थी रसोई में। चूल्हा फूँकती। नाक सिनकती। आँखें पोंछती। खँखारती। अँधेरी रसोई में वह परात ले आटे जैसा कुछ गूँथ रही थी। दूर से सिर्फ उसका परात पर झुककर गूँथना दिखाई दे रहा था। न वहाँ चूल्हे में आग थी न परात में आटा। उसने करवट बदलनी चाही तो चारपाई यूँ हिली जैसे इनकार कर रही हो। या जैसे आँगन के नीचे कोई छिपा बैठा है और उसे हिला रहा है...उसकी पीठ में पंजे चुभा रहा है। उसने आँखें बन्द कर लीं। आँखें बन्द करते ही चारपाई के चारों पाए जमीन में धँसने लगे। वह भी। अब वह करवट नहीं बदल रहा था बल्कि किसी के हाथ थोड़ी-थोड़ी देर बाद उसकी करवट बदल रहे थे।

वे हाथ नहीं किसी के पाँव थे। जो बार-बार ऊपर उठना चाहते थे और वह उन्हें भीतर खींच रहा था।

"ले रोटी खा ले।"

वह थाली हाथ में लिए चारपाई के पास खड़ी थी। उसने उसे जगाना चाहा। उसकी करवट भी बदली। मगर वह गहरी नींद मे था। वह जमीन पर बैठ गई। उसके सिरहाने चारपाई पर सिर टिकाकर। उसके बालों में हाथ फिराती। उसे वहाँ अपने बाल नजर आए। जैसे वह अपने ही बालों में हाथ फिरा रही थी। दोनों ही थके थे। दोनों सो गए।

नींद के इन्तजार में या उठने के इन्तजार में।

# 15

दोनों सो रहे थे। चारपाई भी। मटकी भी। थाली भी। चूल्हा भी। आँगन...शायद वह भी। वे थक चुके थे। किसी ने इस बारे में पहले कभी बात नहीं की थी कि एक निश्चित दिन सोएँगे और वह दिन अपने होने में निराला ही होगा। क्योंकि उस दिन सब लोग सोएँगे। नींद की गठरी सारी खुल चुकी...बँट चुकी थी। पूरा घर गहरी साँसें खींच रहा था। नींद में कोई किसी के सपने में आ जा नहीं रहा था...बल्कि वहाँ सपना लगभग अदृश्य था, लुप्त था। किसी आत्मघाती मोड़ से पहले का यह अन्तिम पड़ाव था। चिन्ता-दुश्चिन्ता से परे वे नींद के स्वादहीन, रंगहीन क्षेत्र में पड़े थे। वे अपने भीतर थे और बाहर सारा बाहर था। उन पर उसकी कोई खरोंच या कण नहीं था। घर की दीवारें अपने पुराने जख्मों से जोड़ों को ढीला छोड़ चुकी थीं...ताजी हवा और अँधेरा उनके भीतर प्रवेश कर रहे थे और वे टूटे कन्धों के

साथ जहाँ छोड़े गए थे वहीं पड़े थे। भीतर कमरों में कुछ था जो बरसों से किसी के इन्तजार में मरा जा रहा था उसने भी मरने को बिसार दिया था और कमर सीधी कर ली थी। सिर्फ एक चूहा था जिसे लाख चाहने पर भी नींद नहीं आ रही थी...पलक नहीं झपक रही थी। उसके जीवन में यह पहली रात थी जब उसे जागना पड़ रहा था। अन्यथा वह नींद ले-लेकर परेशान हो चुका था, ऊब चुका था। उसे यह नींद किसी खतरे की देह लगी जो धीमे-धीमे अपने को खोल हर कुछ को खाए जा रही थी। चूहा रसोई के अँधेरे में ठंडे तवे के पीछे बैठा था। उसकी नजरें बाहर के हर कुछ पर जमी थीं...साँस भी थमी थी। बल्कि कभी-कभी तो उसे यह भ्रम होने लग जाता कि कहीं वह खुली पलकों से ही नींद तो नहीं ले रहा ? उसकी पीठ पर तवा किसी नंगी काली छाती सा खड़ा था...छाया था। वह बरसों के जागे हुओं की नींद तोड़ना नहीं चाहता था। बुढ़िया की पीठ उसकी तरफ थी जिसे लगातार देखते रहने पर उसे वह पीठ नहीं अपने ऊपर खड़ा तवा लगने लगती। शायद तवा हिल रहा था...उसे भी नींद के झोंके आने लगे थे। उसने आँखें फाड़कर तवे को देखा। वह वहीं खड़ा था। कहें तो नींद में पड़ा था। उसे देख हिलने-डुलने की बात सोचना ही मूर्खता लग रही थी। वह तो यूँ नींद में गच्च था कि उसके नीचे लपटें भी उठने लगें तब भी उसके भीतर की नींद की सिल्ली ज़रा भी नहीं पिघले। तब फिर चूहा ही पीछे खिसक रहा था...खिसक नहीं बल्कि खिंच रहा था..कोई उसे खींच रहा था..या खींच भी नहीं रहा था बल्कि कोई उसकी पूँछ को चबा रहा था। कौन है ?

वह ज़रा भी हड़बड़ाया नहीं सिर्फ सोचने में अपने ध्यान को अपनी पीठ पर सवार कर दिया जैसे अन्त में उसका अन्त उसकी पीठ पर ही चोट करेगा। कुछ क्षण बाद उसने एक कदम आगे बढ़ाया और किसी इन्तजार में साँसों के शोर को धीमा कर पूँछ पर घटनेवाली घटना का इन्तजार करने लगा। इन्तजार उसे पीछे खींच रहा था...वह चाहता था कि उसके पाँव जमीन पर जमे रहें मगर वह फिसला जा रहा था...पीछे। जब वह अपनी देह के भीतर की समूची ताकत से बहिष्कृत हुआ सा पीछे खिंचा जा रहा था तब उसमें इतनी हिम्मत नहीं बची

थी कि वह पीछे गरदन मोड़कर देख ले...कौन है आखिर। वह जानता था। देरी हो चुकी थी। बहुत क्षणों तक तो उसने यही सोचा कि अब उसकी चन्द घड़ियाँ ही हैं और उसके बाद उसकी जगह कोई और होगा। मगर वे चन्द घड़ियाँ बहुत दूर थीं शायद। भयभीत भी। अकेली भी। काँपती।

चूहे ने देखा वह उसे अपनी छाती से सटा लेना चाहती है। वह भय से ठिठुर रही थी। चूहा सोचने लगा क्या नींद आने पर ठिठुरन होने लगती है। वह उसे अपनी छाती से सटाए पसीने में भीगी थी। वह वहाँ कसमसा रहा था। अच्छा हुआ जो उसने नींद नहीं ली नहीं तो...। वह काँप उठा। वह काँपने में पीछे खिसकती जा रही थी। चूहे ने देखा वह खिसक नहीं रही बल्कि कोई उसकी पूँछ पीछे खींच रहा है। बिल्ली कुछ देर तक तो पीछे खींची जाती रही...जैसे पीछे जाने में ही आगे लपकने की ऊर्जा बटोरी जाती हो। कुछ देर बाद तो चूहे को यूँ लगा जैसे कोई उसे खींच नहीं रहा बल्कि वह खुद ही फिसली जा रही है...पीठ पीछे के गड्ढे में।

वह गड्ढा नहीं कोई लम्बी सुरंग होगी जिसमें बिल्ली चूहे को मुँह में लिए दौड़ी जा रही थी...उसकी आँखें बन्द थीं या शायद अँधेरा इस कदर था कि अपनी खुली आँखें बन्द ही लगने लगें। अब वह अपने दाँत चूहे की देह पर चुभा नहीं रही थी फिर भी चूहे की आँखें बन्द ही थीं या अँधेरा ही इस कदर था कि...।

सामने दरवाजा था। बन्द। वह उसे सूँघ रही थी। वहाँ बरसों बन्द रहने की गन्ध पसरी पड़ी थी। उन दोनों का दम उसे सूँघ घुटने लगा। उन्होंने पीछे देखना चाहा कि देखें तो सही आखिर कितनी दूर आ गए हैं ! वे बेहद पास थे। एक चारपाई के नीचे दूसरा चारपाई के ऊपर। वह सुरंग कहीं नहीं थी सिर्फ औरत और चारपाई पर लेटे आदमी की लम्बी सीधी-ऊँची-नीची साँसें थीं। भीतर के अँधेरे को बाहर के अँधेरे में उलीचतीं।

चूहा चारपाई के नीचे से पास में बैठी औरत के चेहरे को देख रहा था और पलकें झपका रहा था। वहाँ उसे बिल्ली का चेहरा दिखाई दे रहा था। जो चारपाई पर लेटे आदमी के हाथ की एक अँगुली को

अपने दाँतों में दबाए सो रही थी...डर रही थी...किसी गड्ढे में फिसलती जा रही थी।

चूहे ने देखा बिल्ली चारपाई पर लेटे आदमी के सिरहाने पर बैठी है और उसका ध्यान उसकी तरफ नहीं है। वह दबे पाँव फिर से पुरानी जगह चला गया। तवे के पीछे। और वहाँ से आँगन में देखने लगा।

वह चारपाई पर लेटे आदमी की बन्द आँखों को देख रही थी। कुछ देर बाद उसने भी अपनी आँखें बन्द कर लीं। जैसे ऐसा करने से वह सब कुछ देख लेगी जो सामने लेटे आदमी की बन्द आँखों के भीतर चल रहा होगा। वह ज्यादा देर तक वहाँ नहीं देख सकी...क्योंकि वहाँ कोई सपना नहीं था उसे वहाँ भी वह खुद ही दिखाई दी। भय में काँपती, थरथर। जैसे आँखें तो उचित समय पर भाग निकलने के लिए बन्द कर रखी हों।

## 16

उसने आँखें खोलीं तो जो कुछ सामने था उसे देख सोच में पड़ गया। दरवाजा वैसे ही बन्द था। दरवाजे पर ताले को देख अनायास ही अज्ञात हड़बड़ी में वह अपने सिरहाने कुछ ढूँढ़ने लगा। वहाँ कुछ नहीं मिलना था। तब भी उसकी नजरें इधर-उधर देखने लगीं। उसे याद आ रहा था कि उसके सिर के नीचे एक तकिया था जिसमें उसने हाथ डाल कर चाबी निकाली थी। वह तकिया कहाँ गया ? इस सवाल पर उसे हँसी आने को थी मगर नींद की थकान उस पर भारी पड़ रही थी। वह बैठ गया और अपनी छाती पर हाथ फेरने लगा। वहाँ बिल्ली बैठी थी। बिल्ली का खयाल आते ही बची-खुची हँसी भी कहीं दब-घुट गई।

सामने दरवाजा था जिसके आगे वह बैठा था। उसे चाबी खोने या न खोने की परवाह नहीं थी बल्कि सामने का दरवाजा लगातार देखे जाने से अपने भीतर अजीब सा सलेटी सन्नाटा गहराता लगा। अपने

बूढ़े जिस्म में काँपता सा...मगर बहुत गहरे पैठा हुआ। वह सोचने लगा कि अगर उसके पास चाबी होती तो वह दरवाजा खोले या न खोले इस सुविधा के साथ होती मगर चाबी न होने से दरवाजा उसे यूँ लग रहा था जैसे कभी भी तमाम कुंडे-ताले को तोड़ता खुल जाएगा। जिसके पीछे वह खड़ी होगी। गोद में बिल्ली को सहलाती।

उसने खुद को यकीन दिलाया कि दरवाजा यूँ कभी नहीं खुल सकता। उस पर ताला लगा है और उसकी चाबी उसके पास नहीं है। उसने ताले को हिलाया। और दरवाजे पर कान सटाकर खड़ा हो गया। यह पहली बार नहीं था जब वह किसी के दरवाजे पर कान लगाए खड़ा था। दरवाजा ठंडा था। उसे वहाँ खड़ा रहना भला लग रहा था...किसी की देह सहारे यूँ खड़े हुए उसे अर्सा बीत गया था। उसने अपनी आँखें बन्द कर लीं।

शायद दरवाजे के पीछे भी कोई खड़ा था...पीठ टिकाए। या तो सिसक रहा था या मुस्कुरा रहा था।

वह क्या कर रहा था।

वह वहाँ से हटने की चाह के बावजूद वहीं खड़ा था। किसी भी वक्त जैसे उसे कोई उस तरफ से मन्त्र या रहस्य बता सकता था या अपने सिसकने, मुस्कुराने का कारण बता सकता था। बरामदे में सोने से पहले वह इसी दरवाजे पर आवाजें लगा रहा था। घर को नाप रहा था। क्या यह वही घर है ? मगर यहाँ कोई और ही रहता लगता है। किसी को कोई बरसों पहले शाम को खाना खाने बैठते वक्त यह कहकर चला गया था कि वह अभी लौट आएगा। उसने बाहर ताला भी लगाया था।

उसने अपने चेहरे को छुआ। मगर वह अपने चेहरे को क्यों छू रहा है !

## 17

सड़क के भीतर कोई दरवाजा था जिस पर कान लगाए वह खड़ा था। यदि वह पल भर भी कान को हटाता तो दरवाजा अपनी जगह छोड़ आगे सरक सकता था। इस तरह खड़े रहने में भीतर की किसी हलचल को सुनने की संभावना या मंशा कम थी बल्कि कुछ छूट जाने, हाथ से निकल जाने की आशंका अधिक थी। यदि सचमुच ही भीतर कोई हलचल होती या पुकार आती तब भी वह कोई षड्यन्त्र ही अधिक लगता। इस षड्यन्त्र लगने ने कान को कुछ सुनने की बजाय कुछ जकड़े रहने के काम पर लगा दिया था। लम्बी और चौड़ी और खाली सड़क पर वह किसी मुँह के बल गिरे विशाल पक्षी सा लग रहा था। हाथ और पैर फैलाए। जैसे हाथों पैरों से सड़क को मजबूती से रोक रखा हो। कान में कोई दूरबीन थी जो शायद उलटी तरफ से देखी जा रही थी इसलिए हर चीज डरावनी दिखाई दे रही थी।

फिर सड़क बहने लगी...कोई दरवाजा था जिसने पानी को रोक रखा था उसे ऊँचा कर दिया गया था और जो कुछ भी थमा हुआ था वह धीमे-धीमे सरकने लगा। सड़क खाली थी...और सरक रही थी। उस सरकने में इस कदर उदासी और मुर्दनी थी जैसे जहाँ वह थी वहाँ से न तो हटना चाहती थी न ही वहाँ जमी रहना चाहती थी। आगे कोई कारवाँ था जिसके पैरों तले उसे जा बिछना था।

वह उस पर बिछा था। और सरक रहा था।

# 18

जहाँ वह पहुँचा, सामने एक विशाल दरवाजा था। कभी भी खुल जाने की मुद्रा में साँस रोके खड़ा। काफी देर तक वह दरवाजे की छाया में खड़ा उसे देखता रहा। दूर-दूर तक कोई नहीं था। वह कोई जानी-पहचानी और बिसरी सी जगह थी। इन दोनों के मध्य वह खड़ा था। दोनों तरफ खिंचता हुआ। अपने बाजू उसे इस कदर लम्बे लगे कि एक बारगी वह उन्हें पैर समझ उन पर खड़ा हो गया।

इस मुद्रा में वह दरवाजे के नीचे की दरार में से झाँकता सा जान पड़ रहा था।

तब उसे भी यह जान पड़ा कि कोई दरवाजे के उस तरफ भी दरार में से उसे देख रहा है...हँस रहा है।

वह अधिक देर तक सन्तुलन कायम नहीं रख सका और लहराता सा दरवाजे से जा टकराया। उसके टकराते ही दरवाजा चरमराता सा

खुला। मुँह के बल गिरा हुआ वह इधर-उधर देखने लगा। उसे कोई दिखाई नहीं दिया। अपनी पीड़ा में उसकी देह का हर हिस्सा अलग-अलग दिशा में खिंचता जा रहा था। वह दोनों हाथों से उन हिस्सों को अपनी तरफ खींच रहा था।

वह दरवाजे का सहारा ले बैठ गया।

वह कोई थिएटर हॉल था। हॉल में ठंडा और बासी अँधेरा पसरा भभक रहा था। रोशनी की एक शहतीर उस पर गिर रही थी। वह दरवाजे के सहारे बैठा अपने पात्र के भीतर डूबा दिखाई दे रहा था...बरसों की उदासी और खिन्नता में डूबा।

कोई विंग के पीछे से बार-बार उसकी तरफ कुछ शब्द धकेल रहा था। वे शब्द रोशनी के दायरे में जाते ही जल जाते। सामनेवाली विंग के पीछे कोई दीवार पर सिर टिकाए मुँह पर हाथ रखे अपनी सिसकियों को दबा रही थी।

जिस दरवाजे का सहारा लिए वह बैठा था उसके पीछे पुरानी स्टूल पर एक बूढ़ा बैठा था जिसकी सफेद दाढ़ी उसके घुटनों को छू रही थी...और वह हॉल में घट रही प्रत्येक घटना से छिटका उस दाढ़ी से खेल रहा था। वह शायद वहाँ बरसों से था। तमाम संवादों, अभिनय, तालियों, रोशनियों से नितान्त अछूता...अनभिज्ञ। शायद उसे वहाँ रहते-रहते यह गुमान हो गया था जैसे असल अभिनेता तो वह है... जिसकी एक-एक हरकत पर दर्शकों की नजरें जमी हैं। और जो दाढ़ी उसके चेहरे पर है वह दरअसल नकली है उसके चेहरे की झुर्रियों की तरह ही। उसे उस दाढ़ी से खेलना भी है और उसे अपनी जगह बनाए भी रखना है। उसके हाथों की कँपाहट, उसकी कमर का कूबड़, उसके घुटनों का दर्द, उसकी अधखुली-अधमुँदी पलकों का झपकना...सब कुछ उसकी देह से कुछ इस तरह जुड़े हैं जिन्हें वह एक निश्चित अवधि बाद एक तरफ रखकर सीधा खड़ा होता है और हॉल का दरवाजा बन्द कर चला जाता है।

दरवाजे के पीछे उसका बैठना कुछ इस तरह का होता है जैसे वह बरसों से सबसे सुरक्षित जगह छुपा है...ढूँढ लिए जाने के भय और आस के साथ। मगर जब वह हॉल का दरवाजा बन्द कर जाता है तो वह

जाना इस तरह का होता है जैसे वह किसी गुमशुदा की तलाश में जा रहा हो। न उसे न उसने किसी को ढूँढ़ा।

जब अगले दिन दरवाजा खुलता है जिसे वह नहीं खोलता तो वह अपनी नियत जगह पर हमेशावाले मेकअप में अपनी जगह अपने रोल में मौजूद पाया जाता है।

विंग से शब्दों को बाहर सरकाता प्रॉम्पटर रात के अँधेरे में रात भर उन्हीं बिखरे शब्दों को अनुमान से चुनता है और काली जिल्द की किताब में रखता जाता है। वे शब्द लाइट्स के पास झुलसे पाए जाते हैं—कुछ अधखुले-अनकहे पाए जाते हैं। आखिरी शब्द हमेशा किताब के बाहर ही रहता है...रहता आया है। जब विंग के भीतर दीवार की तरफ मुँह किए सिसकती लड़की हमेशा की तरह दबे पाँव उसके पीछे आकर वह किताब छीन लेती है और अँधेरे में उसे बदहवासी में उलटती-पलटती है—तब पूरे हॉल में या तो उसकी सिसकी की गूँज होती है या पन्नों की फड़फड़ाहट की। नहीं होती तो तालियों की गड़गड़ाहट नहीं होती या फिर रोशनी की शहतीर ही नहीं होती।

आखिर में हमेशा की तरह वह किताब उसकी तरफ सरका देती है जिसमें उसे वह शब्द नहीं मिल पाता जिसे वह ढूँढ़ती होती है या जिसमें वह अपने शब्द भरना चाहती है।

उसे याद भी नहीं रहता कि कब उसकी भूमिका आरम्भ होती है या होगी। कब वह बाहर होती है कब भीतर। शायद वह पहली स्क्रिप्ट थी जिसमें एक पूरा रोल विंग के भीतर ही पकता है रिसता है...ऊँघता है।

## 19

एक आदमी जिसका चेहरा अँधेरे में और पीठ रोशनी में है—बहुत व्यस्त है। विंग के एक तरफ लड़की, दूसरी तरफ प्रॉम्पटर खड़ा है। आदमी के सामने अँधेरे में एक टेलीफोन रखा है जिसे वह डायल कर रहा है। वह नम्बर मिलाता है, पूरे हॉल में रिंग गूँजती है। फिर महिला स्वर 'हैलो' कहता है। मंच पर पीठ किए बैठा आदमी रिसीवर तुरन्त रख देता है। कुछ क्षण बाद वह फिर नम्बर डायल करता है—फिर रिंग हॉल में गूँजती है—इस बार एक पुरुष स्वर 'हैलो' कहता है और मंच पर बैठा आदमी रिसीवर रख देता है।

यह सिलसिला जारी रहता है।

जैसे-जैसे समय बीतता जाता है हॉल में तनाव बढ़ता जाता है हवा के चलने और थमने का भी इस तनाव में शोर और सन्नाटे का सा अहसास होता है। मंच पर बैठा आदमी भी थक गया लगता है। अब

वह भी धीमे-धीमे आगे बढ़ता है नम्बर डायल करता है फिर कुर्सी का सहारा ले लेता है—फिर वही 'हैलो' की आवाज आती है वह थका हुआ सा आगे बढ़कर रिसीवर रख देता है। सिगरेट सुलगाकर फिर नम्बर डायल करता है और कुर्सी को झुलाता सा पीछे खिसक जाता है। दूसरी तरफ से थकी सी हैलो की आवाज आती है और रिसीवर रख दिया जाता है।

इन दोनों तरफ की हैलो पर एक-एक पाँव रखता समय अपनी साँसों पर हाथ रखे भागने लगता है। जब रात गहराने लगती है तब तीनों ही किसी नशे में डूबे से लगने लगते हैं। कई बार वह नम्बर डायल नहीं करता तब भी कोई हैलो कहता-सा लगता है। वह चौंक पड़ता है और तुरन्त नम्बर डायल करने लगता है। रिसीवर कान पर लगाए वह महसूस करने लगता है जैसे उसकी धड़कनों की गति गड़बड़ा गई है। दूसरी तरफ से कोई रिसीवर नहीं उठाता। जैसे-जैसे रिसीवर उठाने में देरी होती जाती है मंच पर बैठा आदमी बेचैन होता सा लगता है। अपनी बेचैनी में वह कभी दाईं विंग की तरफ देखता है कभी बाईं विंग की तरफ।

फिर रिसीवर रख देता है।

बरसों पहले किसी ने उसे अपने नम्बर दिए थे कि रात को फोन करना—कोई जरूरी बात करनी है तुमसे।

जिसने उसे नम्बर दिए उसे वह जानता नहीं था। नम्बर देनेवाला एक पल भी रुका नहीं। नम्बर की पर्ची देखने के बाद जब उसने सामने देखा तो वहाँ कोई नहीं था। वह उस खाली जगह को देखने लगा जहाँ पहले कोई खड़ा था। अब जो खाली जगह में तब्दील हो गया था। उसे लगा जैसे उसे कुछ देर इन्तजार करना चाहिए। हो सकता है तब वह फिर से खाली जगह को सरकाता हुआ वहाँ खड़ा हो जाए और कहे, "अरे एक बार पर्ची देख तो लो...मुझे यह शंका हो रही है कहीं मैंने तुम्हें सादी पर्ची तो नहीं दे दी ?" उसके इतना कहते ही वह अपने भीतर की भ्रमित धारा में डूबने लगा। पहली बार उसने पर्ची पर क्या देखा था ?

वह पर्ची देखने लगा। वह कोरी थी।

"मैंने कहा था ना !"

मगर वह कुछ और ही सोच रहा था। फोन करना ही किसलिए है ? कहीं वह गुमशुदा तो नहीं जिसकी तलाश करनेवाले थक गए हों, हार गए हों और अपने गुम न हो जाने की चिन्ता में हर वक्त अपनी चौकसी करने लगे हों। और अब उसे अपने यूँ चिन्ता से बाहर धकिया जाने की बेचैनी और डर सताने लगे हों, खाने लगे हों, खून चूसने लगे हों, कुतरने लगे हों। और वह किसी ऐसे आदमी की तलाश में दर-दर भटक रहा हो जो उसे खोज सके।

और वह खोजनेवाला मुझे मान लिया हो।

"ये लो मेरे नम्बर।"

इस बार उसने एक दूसरी पर्ची दी जिस पर नम्बर लिखे थे, खुदे थे, दहक रहे थे, पछाड़ें खा रहे थे।

वह उन नम्बरों को देखने लगा, बल्कि घूरने लगा, एकटक...कहीं अदृश्य न हो जाएँ। वह इस अतिरिक्त सावधानी से भी कम बेचैन नहीं हो रहा था। खोने और न खोने की बेचैनी में उसे चक्कर आने लगे और वह सिर पकड़कर बैठ गया।

"ठहरो पानी लेकर आता हूँ।"

उसे इतना ही सुनाई दिया था।

# 20

उसके हाथ में गिलास था। सामने फोन। घर में लाइट नहीं थी। वह एक सिप लेता तो लगता अँधेरा भीतर जाकर आग बन जाता है। इस आस में कि कोई अपना कुछ खोया हुआ ढूँढ़ने आएगा।

वह कुर्सी पर बैठा था और बावजूद अँधेरे के जहाँ फोन था उस जगह को घूर रहा था। उसकी जेब में वह पर्ची थी जिस पर वे नम्बर थे। वह उस पर्ची को टटोलने लगा। कभी इस तरफ कभी उस तरफ। नम्बर किस तरफ है पता नहीं चल रहा था। यह जान शायद वह कुछ हल्का हुआ था, उसने एक सिप और लिया।

पहली-पहली बार यानी उन दिनों जब कि मंच पर वह अभिनय करते-करते कई बार ऊब जाया करता था और चूँकि उसकी पीठ खाली कुर्सियों की तरफ होती थी वह खीजता सा होंठों-ही-होंठों में दो-तीन गालियाँ बुदबुदा लिया करता था। धीमे-धीमे इसी ऊब की खुरदुरी

चट्टान पर उकड़ू बैठ वह सोचने-समझने लगा था कि पूरे वक्त उसे अपनी पीठ के माध्यम से ही खाली कुर्सियों से रूबरू होना है। और आवाज से यह अहसास बनाए रखना है कि पीठ चाहे कितनी ही देर तक देखो—मगर आवाज जरूर होती है। वे सारे जिन्हें वह दर्शक कहता या मानता था कभी आवाज नहीं करते थे। बल्कि कभी-कभी तो उसे यह भी सन्देह होने लगता था कि उस हॉल में उसके अतिरिक्त कोई दूसरा है भी या वह अकेला ही लाइट्स और विंग के मध्य बैठा है। मगर उसके पास ऐसी कोई मोहलत नहीं थी जिसके तहत वह किसी तरह उन्हें देख लेता।

बहरहाल, एक दिन उससे रहा नहीं गया। उसने यह पूछने की ठान ली कि उसे साल-भर से अधिक बीत गया है कुछ खास हासिल होता, महसूस होता नहीं दिखता, उससे पहले जो अभिनेता यह रोल किया करता था, उसके पास जाना चाहिए। वह दीवार की तरफ मुँह विंग की तरफ पीठ किए खड़ा था।

"रज्जन बाबू एक बात पूछनी है।"

"मगर मेरे पास पूछने को कुछ नहीं।"

"आपको तो बताना है रज्जन बाबू।"

"मगर मेरे पास पूछने को कुछ नहीं।"

"तो क्या हुआ ?"

"उसके बगैर बताया कैसे जाएगा।"

"क्या ?"

"जो तुम पूछ रहे हो।"

इससे आगे वह बहस नहीं कर सका। पहली बार में उसे अपने मुख्य मंच पर लाइट्स के मध्य होना सुखकर लगा कि यह उसकी किस्मत नहीं मेहनत ही की वजह से है। और रज्जन बाबू का विंग में चले जाना उसकी मेहनत की वजह से नहीं किस्मत की ही वजह से हुआ लगा। उसे रज्जन बाबू की बहसबाजी में पुराने दिनों की पथरीली ध्वनि ही अधिक लगी। उसे चूँकि पूछना तो रज्जन बाबू से ही था सो उसने इस बार फिर उनकी विंग की तरफ जा अपना एक हाथ विंग में उनके कन्धे पर रख दिया। जैसे ही उसने अपना हाथ

उनके कन्धे पर रखा—विंग के भीतर खड़े रज्जन बाबू ने उस हाथ को पकड़ लिया। उसने अपना हाथ ढीला छोड़ दिया। अँधेरे में कुछ देर के बाद वह उसे अपनी देह से अलग लगने लगा। वह अपने हाथ को यूँ देख रहा था जैसे वह किसी और के हाथ को देख रहा हो। उसके हाथ पर कोई गीली चीज फिसल रही थी। वह हाथ निरन्तर डसा जा रहा था। अँधेरे में उस हाथ में से नर्म और गाढ़ा अँधेरा बह रहा था।

अचानक लगा जैसे उन साँपों के दाँत उनके मुँह से गिर गए हैं। मंच पर किसी चीज के गिरने की आवाज आई। मगर वे गीले और पतले साँप अब भी उसके हाथ पर फिसल रहे थे।

"पूछो क्या पूछ रहे थे ?"

"मगर आप ये क्या कर रहे हैं ?"

"क्या यही पूछना था ?"

"नहीं...।"

"तो क्या भूल गए ?"

"नहीं...।"

"तो अब मजा आ रहा है ?"

वे साँप उसके हाथ पर अब और गहरे धँसते-धँसते फिसल रहे थे और हाथ किसी काले गाढ़े तरल में डूबता जा रहा था।

"मैं भी इसी तरह एक बार इस विंग के पास आया था—मगर मैं भीतर चला आया, तुम्हारी तरह सिर्फ हाथ ही भीतर नहीं दिया। जो पूछना था वही शेष रह गया।"

"क्यों ?"

"उसके लिए उस तरफ रहना पड़ता है।"

"तो मुझे उत्तर मिलेगा ?"

"तुम्हारा प्रश्न क्या है ?"

उसके हाथ पर वे फिसलते-धँसते साँप जा चुके थे या झड़ चुके थे। वह हाथ किसी बाँबी की तरह अँधेरी विंग में बल खा रहा था। शायद किसी ने धक्का दिया था शायद किसी ने बाहर खींचा था। उसका हाथ अब बाहर था। वह अपना हाथ यूँ देख रहा था जैसे उस तरफवाले आदमी की उपस्थिति के कुछ ठोस निशान वहाँ दबे-छिपे शेष

रह गए हों।

उसने उस हाथ को दूसरे हाथ में यूँ लिया जैसे वह किसी की बची-खुची दुआ हो या अपने मार्ग से भटका कोई तीर।

"तुम यहाँ इस कुर्सी पर बरसों तक रोज बैठते रहे—रिसीवर उठाते रहे—कुछ पता चला किसका फोन था ?"

"कितने ही बरस रहो—कम है—इतने समय में क्या जाना जा सकता है ?"

"फिर तुम इस विंग में कैसे आ गए ?"

"एक दिन तुम भी आ जाओगे।"

"मगर मैं क्यों आऊँगा ?"

"क्योंकि तुम में यह प्रश्न जिन्दा है कि फोन किसका था ?"

फोन फिर से घनघना रहा था। वह कुर्सी पर बैठ गया था। उसने रिसीवर नहीं उठाया। शायद उसने तय कर लिया था कि वह रिसीवर नहीं उठाएगा। उसके इस तय करने की वजह से उसकी पीठ पर बेचैनी रेंगने लगी थी।

दोनों विंग्स के भीतर भी बेचैनी बढ़ती जा रही थी। रह-रहकर दोनों तरफ कोई अपना सिर दीवार पर मारे जा रहा था। सिसक रहा था।

वह कुर्सी के आगे सरका और फोन पर झुक गया। वहाँ रिंग लहूलुहान हो चुकी थी—उसके भीतर की सारी नसें दहाड़ रही थीं, अपनी चमड़ी उधेड़ रही थीं।

उसने आहिस्ता से रिसीवर उठाया जैसे इस फोन की यह पहली रिंग हो, और कान पर लगा लिया। वहाँ कोई नहीं था। सब तरफ सूनापन था।

## 21

उसने पर्ची बाहर निकाली। अँधेरे में उस पर लिखे नम्बर दहक रहे थे। उसने एक घूँट में बाकी गिलास को खाली किया और नम्बर डायल करने लगा या नम्बर अपने आप डायल होने लगे। जहाँ जो नम्बर था वह उसकी अँगुली अपनी पीठ पर छुआ लेता। अन्तिम नम्बर की छुअन के बाद उसके कान में किसी के दरवाजे पर की दस्तक सी होने लगी। पहली बार जब ऐसा लगा तो वह मुस्कुराए बगैर नहीं रह सका।

क्या फोन में रिंग की जगह दस्तकें आने लगी हैं।

"खुला है आ जाओ।"

"मैं हूँ...तुमने अपना नम्बर मुझे दिया था।"

"मगर मैं तो बरसों से यहाँ से बाहर ही नहीं निकला।"

"निकला तो मैं भी उस दिन बरसों बाद ही था...इत्तफाक से तुम मिल गए।"

"फिर...?"

"तुमने मुझे अपना नम्बर दिया था, कहा था रात को फोन करना।"

"मैंने ऐसा कहा था ?"

"हाँ...ऐसा ही।"

"मगर मैं ऐसा क्यों कहूँगा ?"

"हो सकता है तुम्हें बरसों से किसी ने खोजा न हो इसीलिए।"

"तो क्या तुम्हें खोजा जा चुका है ?"

"कह सकता हूँ—हाँ।"

"किसने खोजा तुम्हें।"

"तुमने...।"

वह चुप रहा।

"हम फोन पर चाहें जितनी देर चुप रह सकते हैं मुझे इसकी आदत है, मैं तो घंटों तक कान पर रिसीवर लगाए चुप बैठा रहता हूँ।"

"ऐसा तो मैं करता हूँ।"

"फिर तो और भी अच्छा है...अब हम घंटों तक एक-दूसरे से बात कर सकेंगे।"

"घंटों तक नहीं बल्कि घंटों-घंटों के बीच।"

"हाँ वही।"

वह शायद इतना जल्द खोजा जाना भी पसन्द नहीं कर पा रहा था। पहली बार सन्देह हुआ कि कहीं वह खोजने निकला कोई अज्ञात तो नहीं है। जो अपने खोजने की शैली में अनोखा पसन्द करता हो कि जब उसे कोई खोज रहा हो उसी मध्य वह उस खोजनेवाले को दबोच ले।

फिर भी दबोचने के लिए इतना तनाव किसलिए ?

दोनों एक-दूसरे पर ऐसा ताला लगा रहे थे जिसे खोलने का मन्त्र दोनों भूल चुके थे—अगर न भी भूले हों तब तालों के कान इतने बहरे हो चुके थे कि मन्त्र की चाबियाँ वहाँ तक आते-आते निश्चय ही दम तोड़ देतीं।

वहाँ रिसीवर में सन्नाटे की चट्टान रिस रही थी। लगता था उस

शहर में वे दो ही थे। दो ही घर थे। वही एक सड़क थी जहाँ वे मिले थे। अब वे घात लगा रहे थे। वे अपनी सरहदों के आखिरी पड़ाव तक आ गए थे—जहाँ से सिर्फ हमला किया जा सकता था। दोनों को सामनेवाला कोई आईने में देखा गया बस नजर आ रहा था।

"मैं चाहता हूँ कि यह आज की बात ही आखिरी हो उसके बाद तुम यह शहर छोड़ चले जाओ।"

कमरे के अँधेरे में कोई अपना चाकू उसकी नसों पर फिरा रहा था। उसकी देह अपनी साँस के आने-जाने में भी किसी हलचल का पता नहीं देना चाहती थी—वह इस कदर निस्पन्द था कि चाकूवाले हाथ को लग सकता था कि वह किसी की नसें नहीं फाड़ रहा बल्कि किसी की नसें उसे नचा रही हैं—उन्मत्त। शायद वह शाप देने का नया अन्दाज है, अपने चिथड़ा जाने में किसी को हलाक कर देना है। और चाकू के लिए यह बिल्कुल ही पहला और पृथक अनुभव था।

"शहर छोड़ जाने के अलावा कोई चारा भी नहीं है—मेरी परवाह मत करो—मुझ पर हमदर्दी मत जताओ—जाओ—तुम नहीं होगे तो कोई दूसरा आएगा...।"

वह चाकू अब गहरे धँस रहा था—सीधा—जैसे गहरे में कोई ऐसी चीज है जहाँ पहुँच, जिसे हासिल कर वह टूटने से बच जाएगा। शायद वहाँ देह एक चाकू बन जाती हो। या सारे चाकू वहाँ पहुँचते-पहुँचते देह हो जाते हों।

# 22

रात अपनी ठंड में गठरी बनी ठिठुर रही थी। उस गठरी के भीतर वे दोनों एक-दूसरे को खोज रहे थे, और गुम होते जा रहे थे। एक-दूसरे को खोल रहे थे और उलझते जा रहे थे। जैसे वह कोई खोल है जिसके भीतर वे हाथ-पाँव मार रहे हैं और बाहर निकलने की बजाय और गहरे धँसते जा रहे हैं।

प्रथमतः और अन्ततः वे अपने को यकीन दिलाना चाह रहे थे कि दूसरे की गठरी में कुछ ऐसा है जो उसकी गठरी में नहीं है। हर कोई अपनी गठरी को खोलकर देखने से डर रहा था। बल्कि आशंकित हो रहा था कि कहीं गठरी बदली पाई गई तो ? एक की गठरी की पोल अगर दूसरे के सामने खुल गई तो ?

पोल गठरी है या गठरी पोल है ?

इस उलझन भरी व्यस्तता में वे दुआ कर रहे थे कि किसी की

भी गठरी न खुले। मगर उनकी दुआ दूर जाते-जाते उलटे पाँव लौट रही थी और फफक रही थी।

"रो क्यों रहे हो ?"

"कुछ खोया याद आ गया।"

"अब क्या भुलाना चाह रहे हो ?"

यह प्रश्न था या अन्तिम फरमान...कि निकलते ही सीधा उसके गले में जा धँसा। वहाँ से रुलाई की बजाय काली सिसकियाँ बाहर निकलने को मारामारी करने लगीं। यह देख उसे डर लगने लगा कि कहीं उस तरफ से भी ऐसा ही कोई प्रश्न या अन्तिम फरमान सिसकियों को चीरता इधर आ उसके गले में धँस गया तो ?

"कहो तो मैं कुछ याद दिला दूँ ?"

उसने उस सम्भावित प्रश्न या कि अन्तिम फरमान को दूर रखने के लिए अपने प्रश्न को मदद के खोल में लपेट दिया।

दोनों अपनी तरह से अपनी गठरियों को छिपा रहे थे वे उतनी ही उनकी पकड़ से बाहर आ खुलने को बेचैन हुई जा रही थीं। दोनों के भीतर कई दिनों और रातों की कतरनें भरी पड़ी थीं–एक भी कतरन दूसरी से मेल नहीं खाती थी।

"आज तुमने फोन किया तो अपना कुछ खोया याद आ गया...जिस तरह आज मैंने तुम्हें पर्ची पर नम्बर दिए कि मुझे फोन करना...बरसों पहले किसी को मैंने एक पत्र दिया था...कि भाई ! इसे जरा पोस्ट कर देना...।"

इस बार वह चुप रहा–कुछ नहीं पूछा, सिर्फ गठरी के बाहर झाँकती इस कतरन को देखता रहा।

"उस पत्र का कुछ पता नहीं चला कि उसे पोस्ट भी किया गया या नहीं।"

"ऐसा क्या था उसमें ?"

"कुछ जरूरी प्रायश्चित...उम्मीदें।"

"क्या यही सब था ?"

"नहीं...और भी बहुत कुछ था, मगर वह पत्र मुझे लगता है उसने पोस्ट किया ही नहीं...या वह किसी सिरफिरे डाकिए के हाथों में पड़

गया हो, यही हो सकता है...और अब वह मेरा रूप धर वहाँ चला गया हो।''

''क्या वे लोग उसे स्वीकार लेंगे ?''

''मुझे तो लगता है उसे स्वीकार कर लिया गया है, क्योंकि वह कुछ छिपा सकता है, मैं छिपा नहीं सका इसलिए मुझे वे स्वीकार भी नहीं कर पाए।''

इस बार वह कतरन आखिरकार गठरी में से बाहर निकल ही आई थी—बाहर आते ही वह किसी पागल और अन्धी बिल्ली की तरह इधर-उधर भागने लगी। दोनों के फोन में उसकी रुलाई गूँज रही थी। दोनों को लग रहा था जैसे उनके चेहरों को नोच डालेगी। दोनों अपनी गठरियों की नियति के बारे में सोचते एक-दूसरे से जल्द पीछा छुड़ाना चाह रहे थे। उन्हें यह डर ठोस होता लगा कि जरूर ही उनकी गठरियों में से कुछ ऐसा निकल पड़ेगा जो उनके गले का फन्दा बन जाएगा...गला घोंट देगा।

''इसमें हैरानी की क्या बात है...हर घर में वही रहे जिसका कि वह घर है...यह क्यों जरूरी है ?''

''नहीं, कोई जरूरी नहीं।''

''फिर भटकन किसलिए ?''

''कुछ लोगों को देख, या याद कर उनके साथ भटकना सुकून देता है।''

''तुम्हारी उम्मीदें, प्रायश्चित भी भटक रहे हैं। उन्हें वह आदमी सुकून देनेवाला लगा होगा यही मान लो।''

''मगर मैं उसके साथ भटकना नहीं चाहता था उसे पकड़कर अपने पास रखना चाहता था।''

''और वह आदमी तुम्हें मेरे फोन करने पर फिर याद आ गया... ।''

उसके आगे वह कुछ नहीं बोला...धड़धड़ बाहर आते शब्दों के रेले के बचे-खुचे टुकड़ों को पीछे ही दबा लिया, खींच लिया। उसकी आवाज में डर नहीं बल्कि आशंका थी कि कहीं वह उसे पकड़कर हमेशा के लिए अपने पास ही न बिठा ले।

उसने तुरन्त रिसीवर रख दिया।

अँधेरे कमरे से वह बाथरूम में गया—और मुँह पर रात-भर के ठंडे पानी के छपके मारने लगा—उसके चेहरे पर छितराकर पानी उसके पैरों के आगे पसर रहा था। अँधेरे में ही उसने पलकों पर अँगुलियों को फिराया और गौर से नीचे पसरे पानी को देखने लगा। पहली बार में उसे यकीन नहीं हुआ कि यह कैसे सम्भव हो सकता है। उसने मेकअप तो किया ही नहीं था—उसका रोल तो आज था ही नहीं—तो फिर उसके चेहरे से यह गाढ़ा रंग कैसे उतर रहा है ? उसे सन्देह हुआ कि हो सकता है जिस पानी से उसने मुँह धोया है उसमें पहले से ही रंग घुला हुआ हो...जब उसने बाल्टी में भरे पानी को गौर से देखा तो वहाँ उसका चेहरा पानी पर किसी तेल के घेरे सा इधर-उधर फिसलता दिखाई दे रहा था।

यह कैसे हो सकता है ? उसने फिर सोचा। वह बाथरूम से बाहर लपका—कहीं बहुत गहरे वह पूरा घर सन्देह में घिरा महसूस हो रहा था। जबकि वह बरसों से इस घर में रहता आ रहा है—ऐसा सन्देह कभी नहीं हुआ। इससे भी अधिक जो बात भयभीत, आशंकित कर रही थी वह यह कि अगर खुदानखास्ता वहम सच निकला तो वह कहाँ जाएगा। वह एक कमरे से दूसरे कमरे में बदहवास, लपक रहा था। चेहरे पर पानी का गीलापन तड़क रहा था।

थककर वह उसी कुर्सी पर सो गया जहाँ थोड़ी देर पहले वह फोन कर रहा था। बन्द पलकों में उसका चेहरा त्वचाहीन था जिसे देख उसने हथेलियाँ लगा ली थीं। यहाँ भी मेकअप !

वह इस कदर मँजा हुआ अभिनेता था कि कोई भी स्थिति हो, वह उसके अनुसार खुद को ढाल लेता था। कई बार जल्दबाजी में या तल्लीनता में वह बगैर मेकअप या रिहर्सल किए ही सीधे मंच पर चला जाता था—कई बार इसके उलट भी होता था—जब वह मेकअप भी करता था, रिहर्सल भी...तब भी मंच पर जाते वक्त उसके पाँव काँपने लगते थे, हाथों की अँगुलियाँ सुन्न होती महसूस होती थीं, आँखों के आगे मंच किसी आदमखोर बावड़ी सा नजर आता था। ऐसी विपरीत स्थिति में भी वह जब मुख्य मंच पर धकियाया जा चुका होता था उसके

बाद उसे एक मिनट भी नहीं लगता था...वह यूँ सहज ही डुबकी लगा लेता जैसे वह बरसों से लगाता आ रहा था...दो डुबकियों के बीच का अन्तर असल में इतना झीना होता था कि अक्सर तो वह अन्तर लगता ही नहीं था बल्कि दोनों डुबकियाँ एक ही लगतीं और उनकी प्रतिध्वनियाँ ही दो लगती थीं, बल्कि प्रतिध्वनि ही से दो डुबकियों का अनुमान लगाया जा सकता था।

# 23

कितनी ही चीजें होती हैं जो एक पूरे शहर को एक क्षण में रिक्त कर देती हैं...वीरान...और वे चीजें बची रह जाती हैं—अपने बचने में वे बेहद संकोची और आतंकित होती हैं। शहर के अकेलेपन का दोष उनकी छाती पर होता है—मगर वे कुछ नहीं कर सकतीं। वे ऐसी स्थिति में आ चुकी होती हैं जो दूसरों के लिए कष्टदायी होता है। हर आदमी अपने गुप्त शब्द, भेद, शोक, षड्यन्त्र लिये ऐसे शहरों की खोज में भटकता है—किसी को ये शहर मिल जाते हैं किसी को आगे बढ़ने का संकेत कर देते हैं।

वह यहाँ टिक गया था। फँस गया था। धँस गया था।

अपने अभिनय और षड्यन्त्र में वह निपट अकेला था। दोनों ही चीजें उसके भीतर एकमेक थीं। उसके गुप्त शब्द और शोक उसे वह साहस देते थे जिसके बूते वह हर दो चीजों को एक कर सकता

था–जैसे मेकअप होने के अभिनय और मेकअप न होने के अभिनय को।

## 24

हर एक का एक पत्र किसी गलत आदमी के हाथों किसी बहरे या अन्धे डाकिए के पास जाता है।

## 25

प्रतिदिन लाइट्स ऑन होने के कुछ क्षण पूर्व ही उसे वह पर्ची दी जाती थी जिसे अँधेरे में ही पढ़ना होता था। उस पर्ची पर शब्द ऐसी रोशनाई में लिखे होते थे जो अँधेरे में चमकती थी–किसी भूखी लपट की तरह। उस पर्ची पर उस दिन किए जानेवाले अभिनय की सूचना होती थी। उसके चेहरे पर मेकअप जबकि पहले ही कर दिया जाता था। कपड़े उसे पहले ही पहनने के लिए दे दिए जाते थे। यह संयोग कभी नहीं हुआ कि उस किए गए मेकअप और पहने गए कपड़ों का तालमेल पर्ची पर लिखे गए वांछित अभिनय से हो। बरसों हो गए मगर उसे आज तक नहीं मालूम कि वह अज्ञात कौन है जो यह निश्चित करता है कि उस दिन की उसकी भूमिका क्या होगी। हर बार वह निर्णय करता है कि आज नाटक खत्म होने के बाद वह उस पर्ची को लाइट्स में देखेगा। शायद लिखावट से ही कुछ सुराग लग जाए।

वह सुराग यूँ उड़ जाता था जैसे वह रोशनाई कपूर से बनी हो। जब वह बाद में उस पर्ची को देखता तो सिर्फ वहाँ उस लपट की राख मिलती थी। जैसे किसी ने किसी अपशकुन से बचने की खातिर उसकी जेब में डाल दी हो।

# 26

हम सब वह कर रहे थे...कहते जा रहे थे जिसे कभी होना नहीं था, जिसका न सिर था न पाँव न छाती थी न पीठ थी। बल्कि कोई ऐसा अजगर था जो अपनी योनि से भटक हमारी देह में धँस-फँस-भटक गया था। हम रोज ही उससे जूझते थे...उससे मुक्त होने या कि उसे मुक्त करने के नए-नए तरीके ईजाद करते थे। हमें उस अजगर का सहयोग कभी नहीं मिला बल्कि वह गाहे-बगाहे हमें डस लेता था। जहाँ भी हम उसे दबाते या पीड़ा पहुँचाते उस जगह हमारी देह अगले दिन नीली पाई जाती थी।

जब हम नंगे होते तब हम देखते कि हम सारी दुनिया में एक मात्र हैं...हम नीले हो गए हैं...नीले पड़ गए हैं। हमारी जीभ, हमारा रक्त भी नीला हो गया है। हमारी आवाज भी नीली लपलपाहट में बल खा रही है। हमारी आँखें दो नीले कंचों सी पथरा गई हैं। हमारे सिर पर और देह पर उगे बाल नीले काँच के बुरादे से चमक रहे हैं, चुभ रहे हैं।

# 27

जो नहीं करना था वह हो रहा था। हम क्या करते जो मनाही थी उसी में कुछ, कोई सुराग छिपा था। मगर वह एक ऐसी सुरंग थी जिसके दोनों सिरों पर खंजर चमक रहे थे। उसके मध्य में ही कहीं वह किताब रखी, दबी, छिपी थी जिसमें सुराग, तरकीब लिखी थी। जिसके हर पृष्ठ पर किसी मृतक की तस्वीर थी।

लापता लोगों को मृतक मानने में हिचकिचाहट होती थी। उनका लापता होना ऐसा दरवाजा लगता था जिस पर दस्तक देते वक्त हर क्षण अजीब सा भय पूरी देह पर रेंगता महसूस होता था कि जिस दरवाजे पर दस्तक दे रहे हैं कहीं वह कृत्रिम तो नहीं। किसी पत्थर पर सजीव होने की हद तक उकेरा गया। इस कदर असल कि हम जीवन-भर इतने ठोस इरादों से उस पर दस्तक देते रहते हैं कि संभवतः इस बार वह खुल जाएगा।

कभी-कभी दरवाजा दस्तक पर पिघलकर खुल जाता था...उसके खुलने पर पता चलता कि उस तरफ तो कुछ भी नहीं...वीराना है, अँधेरा है...शायद कोई गड्ढा है—ऐसे दरवाजों को फिर कोई बन्द करनेवाला नहीं मिलता। ये भड़भड़ाते रहते हैं।

इन्हीं बन्द और खुले, दरवाजों के सामने से रात गए कोई किसी को ढूँढ़ने निकलता है।

वह दरवाजे पर ठिठकता है...खुले दरवाजे के भीतर झाँकता भी है, बन्द दरवाजे पर धीमी दस्तक भी करता है, उसके पास कोई तस्वीर नहीं होती। कोई खास सुराग नहीं होते। उसकी चाल में पिछली रातों की भटकन और थकान गर्द की तरह छाई रहती है।

जिस भी दरवाजे पर वह खड़ा होता है वह दरवाजा भी उसके खड़े होने का इस कदर अभ्यस्त हो चुका होता है कि वह तुरन्त ही उसके अगले दरवाजे की ओर खिसकने के बारे में सोचने लगता है।

कभी-कभी वह आवाज भी लगा देता है। आवाज लगाने के बाद वह देखता है कि उसके ऊपर जैसे किसी ने ढेर सारी गर्म रेत फेंक दी हो।

उसे याद आता है कि अन्तिम संस्कार के वक्त वह वहाँ नहीं था। वह किसी दूसरे शहर में रात सपने में अपना अन्तिम संस्कार होता देख रहा था। चिता की लकड़ियाँ बेहद सीली थीं। हवा बिल्कुल ठहरी थी। और चिता में धुँआँ अधिक हो रहा था और लपटें कम। एकबारगी उसे उस धुँएँ में ही कहीं भाग जाने की सूझी, मगर तभी एक मरी सी लपट उठी और आसपास लहराने लगी। उसने देखा लोग हवा के रुक जाने और लकड़ियों के सीली होने पर आशंकित से हो रहे थे। जब कुछ नहीं सूझा और आशंका चिता जितनी भारी और बोझल हो उन पर छाने लगी तो वे सारे चिता के चारों तरफ उकड़ू बैठ गए और फूँक मारने लगे। जितना ही तेज फूँक मारते धुँआँ उतना ही गाढ़ा हो उनकी आँखों में घुस जाता। दूर से यह दृश्य किसी साँझे चूल्हे में फूँक मारती स्त्रियों का सा लग सकता था।

जब उसका अन्तिम संस्कार होने को था तो किसी ने खुफिया अन्दाज से कहा कि कुछ इन्तजार कर लो...क्या पता वह आ ही जाए।

मगर वह कैसे आ सकता था, वह तो खुद अपनी सीली और धुँआई चिता में घिरा था।

सुबह उसे अपनी समूची देह उस सीली, धुँआई चिता के तले दबी, राख हुई लगी। पूरे दिन वह उस राख से पीछा छुड़ाने में लगा रहा।

उसने उस मृतक को लापता मान लिया और उसके अन्तिम संस्कार के वक्त हाजिर न रहने के बोझ से खुद को हल्का करने का एक उपाय खोज लिया। वह उसे इधर-उधर ढूँढ़ने लगा। और इस ढूँढ़ने में वह इस कदर डूब जाता था कि अक्सर उसे लगने लगता कि यदि इसी तरह उसकी तलाश जारी रही तो निश्चय ही एक दिन वह मिल भी जाएगा। उसकी देह से भी अधिक खरी उपस्थिति का आभास कराता-सा। और सम्भव है वह उसे यह अहसास भी करा दे कि समूचे जीवित तो तुम भी नहीं हो, भले ही सपने में ही सही मगर तुम मरे हो—चिता में जले हो।

वह अपनी इस तलाश से डर भी रहा था और निरन्तर बँध भी रहा था। फँस भी रहा था।

लापता होना मरने से अधिक मारक होता है।

जब वह उस दरवाजे के आगे खड़ा था जो दीवार में अटका था दीवार उसकी देह में आखिरी साँस फूँक रही थी तब उसने काँपते हाथ से उस पर दस्तक दी थी।

दस्तक करते ही उसकी हथेली उसके हाथ से अलग-थलग-सी पड़ गई जैसे उसने दरवाजे को नहीं बल्कि किसी देह को दस्तक से जगाना चाहा हो।

लापता लोगों की तलाश में भटकने से एक खतरा यह भी है कि खुद आपको भी लापता मान लिया जा सकता है। और आपको खोजा जाने लगता है। जो भी दरवाजा खोलता है वह बदहवास—बिना कुछ देखे-सुने-समझे आपकी छाती पर सिर रख चीखने लगता है। पता नहीं चलता कि वह खुशी के मारे रो रहा है या इस बार भी धोखा खा जाने की वजह से चीख रहा है और चाह रहा है अपने सिर की टक्करों से आपकी छाती को फाड़ दे। सुन्न कर दे।

मगर ऐसा कुछ नहीं हुआ। कहना चाहिए कि लम्बे अर्से से कुछ

भी नहीं हो पा रहा था।

दरवाजा तो खुला मगर सामने जो था उसे देखते ही उसने सोचा कि यह जरूर ही हम दोनों के बारे में जानता है। शायद हमारा गोपनीय रिकॉर्ड इसके पास हो। हमारे गुम रास्ते, अधजली चिताएँ, लापता पत्र, खो चुकी चाबियाँ और फट चुके कपड़े इसी के पास कहीं दबे-छिपे होंगे।

वह भीतर जाना चाहता था। मगर सामने वह बन्द दरवाजे की तरह खड़ा था।

''क्यों भटक रहे हो ?''

''तुम जानते हो।''

''जाओ...घर चले जाओ।''

''उसे ही ढूँढ़ रहा हूँ।''

''तुम उसे ढूँढ़ नहीं रहे हो, खो रहे हो।''

''तुम चाहो तो मदद कर सकते हो।''

''मैं चाहूँ तो भी तुम्हारी कोई मदद नहीं कर सकता।''

इतना कह वह उसे ऊपर से नीचे बार-बार देखने लगा। अपने को यूँ देखे जाने से वह घबरा गया। वह जानता था कि अगर इसी तरह वह कुछ देर और घबराता रहा तो उसके भीतर सपनेवाली सीली-धुँआई चिता फिर से चटकने लगेगी। ऐसे में एक ही रास्ता था—वह उसकी विवशता के साथ उसे बाहर खींचे और बहस करे। परेशान करे। उद्विग्न करे। बेचैन करे। हताश करे। निराश करे। क्योंकि खुद उसे भी कोई खास जल्दी नहीं थी। आगे जाकर भी उसे किसी दरवाजे पर दस्तक ही देनी थी। वह तो दस्तक का इस कदर अभ्यस्त हो गया था कि उसे अपना हाथ कोई दरवाजा सा ही लगने लगता था। पथराया और अधखुला और जर्जर।

शायद सामने दरवाजे के हिलते पल्ले को पकड़े वह उसके भीतर पक रहे षड्यन्त्र को भाँप गया था। वह अब उसे उन सीली और धुँआई लकड़ियों की तरह घूर रहा था जो सपने में उसकी चिता पर एक-दूसरे पर जमी थीं।

''तुम यहाँ कब से हो ?''

उसने पूछना शुरू कर दिया। वह पूछना भी उसके लिए किसी बन्द दरवाजे को खोलने सरीखा ही था।

"मैं नहीं जानता। मुझे जो लिखा मिला था किसी रात, सपने में उसके पीछे का हिस्सा गायब हो गया। इसलिए मैं आरम्भ के बारे में भी कुछ नहीं बता सकता।"

"मध्य के बारे में क्या जानते हो ?"

"मध्य में मुझे सिर्फ इन्तजार करते इस घर में मरना था।"

इस घर में...कह उसने आँख से दरवाजे के पीछे के आँगन की तरफ इशारा किया। वहाँ वीरान, लुटा-पिटा आँगन था। पहली और आखिरी नजर में वह आँगन एक साथ कई दरवाजों को सम्हाले लगा। जैसे किसी रेल के डिब्बे इधर-उधर छितरा गए हों। कुछ दरवाजे बन्द थे। कुछ अधखुले। कुछ जर्जर। कुछ दरवाजे यूँ खुले थे जैसे कभी भी कोई उनमें प्रवेश करेगा और विदाई के लिए हाथ लहराएगा। कुछ यूँ साजिशी तौर पर बन्द थे जैसे ही कोई हाथ लहराएगा तो उनके भीतर से कोई बाहर लपकेगा और उस हाथ लहरानेवाले के हाथ को पकड़ बाहर खींच लेगा।

रेल चली जाएगी और वह वहीं उतार लिया जाएगा। उसे हर तरफ से घेर लिया जाएगा। घूरा जाएगा। वह किसी भी चेहरे को पहचान नहीं पाएगा। भाग नहीं पाएगा।

"कहाँ जा रहे थे ?"

"कहीं भाग रहे थे ?"

"सब कुछ छोड़कर ?"

"सबसे छिपकर ?"

"सब कुछ लूटकर ?"

"किसके मोह में बँधे हो ?"

"किसके जाल में फँसे हो ?"

"क्या पीछे कोई नहीं ?"

"क्या पीछे ही सब कुछ है ?"

वह कानों पर हाथ रख लेगा। कभी उकड़ू बैठेगा कभी खड़ा होगा। कभी आँखें बन्द कर लेगा। वह जेब में हाथ डालेगा। सब अपनी जेबों

में हाथ डालेंगे। फिर वह सबकी जेबों में हाथ डालेगा। फिर सब उसकी जेबों में हाथ डालेंगे। वहाँ कुछ नहीं होगा। वह लुटा-पिटा सा मायूस हो सिर पर हाथ रख बैठ जाएगा। सब पूछना चाहेंगे कि वह जेबों में क्या ढूँढ़ या ठूँस रहा था। मगर पूछ नहीं पाएँगे। वे अपने कुछ खो चुके की याद में डूब जाएँगे, कि जो खोया था वह अब भी रोज किसी दूसरी चीज को खो रहा था, खा रहा था कि वे खोए जाने और खाए जाने के मध्य इस स्टेशन पर बरसों से पड़े हैं, न यहाँ कोई लाल लाईट होती है न हरी। न यहाँ कोई इंजन सीटी देता है न कोई गार्ड हरी झंडी दिखाता है बल्कि कई गार्ड और ड्राइवर भी यहाँ आ किसी को ढूँढ़ने में व्यस्त हो गए–खो गए। यह घर नहीं कोई बहुत बड़ा स्टेशन है जहाँ लोग खोते हैं। घर का हर दरवाजा यूँ बन्द है जैसे कभी खुला ही नहीं। घर का हर दरवाजा यूँ खुला है जैसे कभी बन्द हुआ ही नहीं। वे भीतर यूँ दुबके रहते हैं जैसे किसी भी वक्त कोई ऐसा आदेश आएगा जिसके कारण उन्हें अपने रुके हुए बरसों पुराने काम करने होंगे। लौटना होगा। वे डरते थे कि लौटने के लिए वे जिस रेल में बैठेंगे वह भी घूम-फिरकर, भटककर यहीं आ दम तोड़ेगी।

"मेरी एक चिट्ठी थी वह खो गई है ?"

सबने एक बार फिर अपनी और उसकी जेबें देख लीं।

"क्या लिखा था उसमें ?"

"किसी के मरने की खबर।"

सब एक-दूसरे का चेहरा देखने लगे। वे एक-दूसरे का चेहरा इतनी अधिक बार, बार-बार देख चुके थे, देखते थे ज्यादातर हर चेहरा दूसरे के चेहरे जैसा दिखता था। वे इस कदर हार और पिट चुके थे कि अब तो तुरन्त ही चेहरों पर हथेलियाँ रख लेते थे और लगता था कि हथेलियों पर ही असल में चेहरों की पहचान छुपी थी। जब कोई नया-नया यहाँ अचानक बगैर सूचना के आ जाता तो उसे बड़ा अजीब लगता। वह हँस पड़ता। डर पड़ता। फिर सोचता कोई सामूहिक खेल है। सामूहिक पश्चाताप। सामूहिक शोक। कोई योग। और जब वह कुछ भी तय नहीं करने में पूरी तरह धँस-फँस जाता तब वे हथेलियाँ हटाकर देखते कि उनके बीच खुफिया तरीके से कोई आ धमका है।

उस पर यकीन किया जाए या नहीं सब इस दुविधा में पड़ जाते। आनेवाला अगर चौकन्ना और होशियार होता तो वह मौका देख उनके बीच उनकी दुविधा को ओढ़ बैठ जाता।

वे कभी भी इस दुविधा से उबर नहीं पाए थे।

उनके पास एक ही रास्ता होता था कि वे फिर से अपने-अपने दरवाजों के पीछे चले जाएँ।

दरवाजों के पीछे बैठे-बैठे उन्हें कभी-कभी या अक्सर नींद के झोंके आ जाते। उन नींद के झोंकों में सब डिब्बे अस्त-व्यस्त से दौड़ने लगते। कुछ इंजन के पीछे, कुछ आगे। किसी भी स्टेशन पर उस रेल को रोका नहीं जाता। खुद रेल को नामालूम होता कि कब वह आगे सरक रही थी कब पीछे फिसल रही थी।

गार्ड और ड्राइवर इस सबके इस कदर आदी हो चुके थे कि वे चलती रेल में ही नींद ले लेते थे। वे बरसों से एक ही स्टेशन से रवाना होते थे। लौटकर उसी स्टेशन पर उनकी आँखें खुलतीं जब तक रेल रुकी रहती, वे जागते रहते।

न उस रेल की सवारियाँ बदली थीं न गार्ड न ड्राइवर न स्टेशन।

# 28

सड़क रात में रेल की पटरी में तब्दील हो जाती। और किनारों पर खड़े घर दो आदमियों में। एक-दूसरे से नजरें चुराते। छिपते। हर एक यह सोचता कि सामनेवाला उसे ही घूर रहा है। उसकी एक-एक हरकत पर उसकी नजर है। मगर दिल में क्या चल रहा है यह कैसे जाना जाए ? बस, इसी से वे हारने-मारने से बचे हुए थे।

तब भी यह उथल-पुथल रहती ही थी कि अगर किसी तरह दिल की बात उसने जान ली तो ? तब वह क्या करेगा ?

दोनों तय नहीं कर पाए थे कि कौन वहाँ किसलिए कितनी देर से है, कब तक रहेगा। एक के दिल में जो बात थी उसे लगता वह बात दूसरे को पता है, दूसरे को इससे फुर्सत नहीं थी कि वह अपने दिल की बात को दबा, छिपाकर रख पाए।

दोनों मरना चाहते थे मारना नहीं। बचाना चाहते थे। बचना नहीं।

मगर उनकी अज्ञात चौकसी उन्हें कुछ और ही बनाने पर आमादा थी।

दोनों बरसों से पटरी के किनारे खड़े-बैठे एक साथ इन्तजार करना शुरू करते और आखिर में मरने की मरोड़ में भूल जाते कि कब रेल उनके बीच आकर गुजर जाती।

वह रेल थी या कागज का हवाईजहाज।

वह हवाईजहाज था या हाथ से छूटी चिट्ठी।

वह चिट्ठी थी या हाथ से छूटा कौर।

वह कौर था या दस्तक को उठा हाथ।

वह हाथ था या...ठंडा काला तवा।

सूना उजाड़ चूल्हा।

जो पटरी पर से चूहे की पूँछ में बँधा घिसटता जाता था, जिसके पीछे बिल्ली बरसों का अपना जला मुँह लिए घिसटती रहती।

उन्हें कुछ पता नहीं चलता। पटरी में कोई सपना, कोई रुँधी पुकार, कोई अधखुला दरवाजा, कोई अन्तिम साँस से पहले की अटकी-लटकी साँस, कोई सन्देश, कोई षड्यन्त्र होता था...जिसे वे दोनों साफ-साफ देख सकते थे...जिसे देखते-देखते वह पटरी ही रेल हो जाती थी...रेल की धड़-धड़ सुनने के लिए वे अपना कान पटरी पर लगा देते। मगर कुछ सुनने की ख्वाहिश जाने कहाँ—पीछे छूट जाती थी और उसकी जगह कोई पुरानी टीस उन्हें झकझोरने लगती...रेल आएगी और उनके ऊपर से गुजर जाएगी।

रेल नहीं आती थी। पटरी में से कोई झिझकता सा यूँ कहता जैसे उसकी बात सुन वह शर्मिन्दा हो सच में ही कहीं मरने की न ठान ले।

"घर कब आएगा ?"

दोनों चौंकते। दोनों के कानों में एक ही आवाज होती। वे उसे घुलाकर देख सकते थे। बाद में जिसे अलग कर पाना असम्भव होता।

दोनों यह अनुमान लगाते कि जो बात सामनेवाले को सुननी थी वह गलती से उसने सुन ली है। वह दोबारा कान पटरी से लगा देता। तब सामनेवाला अपने कान में गूँजते प्रश्न से परेशान हो रहा होता था।

वह मानता था कि कोई भी सन्देश हो, पुकार हो अक्सर गलत समय पर जगह पर ही पहुँचती है। उसने सामने देखा। वहाँ वह पटरी पर कान लगाए बैठा था। वह भी बैठ गया। किसी ने किसी को नहीं बताया कि उसने....उसका सन्देश-पुकार सुन ली है।

## 29

दूर से वह रेल नहीं, कोई बूढ़ी औरत नजर आती। उसके एक हाथ में थाली होती दूसरे में कोई चिट्ठी। वे उसे देख आँखें बन्द कर लेते।

जब इन्तजार अँधेरे में तब्दील हो जाता और सभी तरह की आहटें, शोर थम चुका होता तो वे आँखें खोलते। वह उनके पास से गुजर चुकी होती थी। दोनों एक-दूसरे के सामने पटरी पर उकड़ू बैठ जाते।

"वह कौन थी ?"

"पता नहीं।"

"शायद उसे कहीं देखा है।"

"शायद।"

वे उस तरफ देखने लगते जहाँ उसकी पीठ होनी चाहिए थी। मगर वहाँ उसका चेहरा था। उन्हें देखता। निहारता। घूरता।

"क्या तुम यह खाना खाओगे ?"

"क्या तुम यह चिट्ठी पढ़दोगे ?"

वह कुछ पूछ नहीं रही थी बल्कि पटरियाँ बिछा रही थीं। दोनों चुप रहे।

"मुझे पता चला कि वह किसी रेल के नीचे मरने गया है।"

किसी ने नहीं पूछा कि–कौन ?

"वह यह चिट्ठी छोड़ गया है।"

किसी ने उस चिट्ठी को नहीं देखा।

"वह यह थाली छोड़ गया है।"

किसी ने उस थाली को नहीं देखा।

वह भी पटरी पर बैठ गई। पटरी जानती थी कि अब किसी रेल को नहीं आना है। नहीं जाना है।

# 30

सुबह सड़क पर रात के तीन टुकड़े पड़े थे। चिपके थे। खुदे थे। सड़क के भीतर कोई खलबली मची थी। कोई पुकार रहा था। कोई भाग रहा था। ऊपर के टुकड़े थरथरा रहे थे। दोनों तरफ के घरों में हलचल थी। एक घर अस्पताल की गन्ध में भभक रहा था, दूसरे में खामोशी छाई थी, शायद वह थिएटर में तब्दील हो गया था। दोनों घरों के ताले चूहे और बिल्ली के दाँतों-नाखूनों से बीच सड़क में नोचे जा रहे थे, फाड़े जा रहे थे।

दो घरों की कहानी में कहानी नहीं थी।

अस्पतालवाले घर में कोई पलंग पर लेटा था। उसकी नींद मर चुकी थी या मारी जा चुकी थी अब वह बचा था कि अब उसे बचने में मरना था। वहाँ किसी के सिसकने, किसी के चलने, किसी के फुसफुसाने का शोर था जो कानफाड़ू था। वहाँ किसी गुप्त द्वार से मृत्यु

की गन्ध छोड़ी जा रही थी और वह समूची उस आदमी के इर्द-गिर्द इकट्ठी हो रही थी जो पलंग पर लेटा था। उसे बार-बार किसी की आहट का वहम होता। वह अपनी भारी पलकें खोलता सा उस आहट को खोजता। आहट इस कदर चौकन्नी होती कि वह सबसे पहले उसकी पलकों को ही दबाती। तब, वह कानों को आहट के पीछे लगाता। तब वह आहट उसके कानों में सन्नाटे की अँगुलियाँ धँसा देती।

उसे यह अहसास हो गया था कि वह अब नहीं बचेगा, और अब सिवाय मृत्यु के किसी की आहट नहीं हो सकती। मृत्यु ने कभी आहट की हो ऐसा उसे याद नहीं पड़ रहा था। उसे कोई खोज रहा था, पुकारना बन्द कर दिया था। सारी खोज अनुमान से हो रही थी। शायद वह खोजा जा चुका था, मगर उससे यह छिपाया जा रहा था। शायद खोजनेवाला दरवाजे के पीछे दम साधे खड़ा था—कभी इस पाँव कभी उस पाँव। वह अपना दम यहाँ तक साध चुका था कि कभी-कभी तो खुद पलंग पर लेटे आदमी और खुद में कोई अन्तर भी नहीं कर पा रहा था। या, शायद अन्ततः उसके मिल जाने से वह भीतर तक खाली हो गया था। उसकी भटकन पागल साँपों सी उसे डसे जा रही थी। उसने दरवाजे के पीछे से ही अपने सारे गिले शिकवे निकालने चाहे लेकिन वे इस खूनी भिड़न्त की आस में हठी हो चुके थे।

अचानक वे आमने-सामने थे। धुँधली रोशनी में तैरते-डूबते। लगभग जीते-मरते। वहाँ हैरानी लगभग नहीं थी। वहाँ एक-दूसरे के सामने आ जाने की खीज का कर्कश शोर था।

"क्या तुम मरने का इन्तजार कर रहे हो ?"

"नहीं...मैं मर रहा हूँ।"

वह उसके सिरहाने आ गया था। उसे ताज्जुब हो रहा था कि यह आवाज सामने कहाँ—छिपी थी। उधर वह पलंग पर लेटा उसे सामने खड़ा देख रहा था। वह पलक नहीं झपकाना चाहता था...शायद वह जान चुका था कि अगर उसने पलक झपकाई तो निश्चित रूप से वह उसका गला घोंट देगा।

"घर से क्या कहकर निकले थे ?"

"कुछ नहीं।"

“किसके कहने पर निकले थे ?”

“याद नहीं।”

“किसी को पीछे छोड़कर आए थे ?”

“पता नहीं।”

“तुम्हारे पास एक चिट्ठी थी...कहाँ है वह ?”

“कौन सी चिट्ठी ?”

“बेवकूफ उसी से तय होना था कि अब आगे क्या होगा...कितना और भटकना है।”

“क्या तय होना है ?”

“...कि तुम उससे मिल पाओगे या वह यूँ ही मर जाएगी...।”

“मर तो मैं रहा हूँ।”

“तुम अभी नहीं मर सकते।”

“क्यों...?”

“तुम्हारे अन्त के बारे में अभी लिखा नहीं गया है।”

“तो कब तक मुझे यहाँ पड़े रहना होगा ?”

“जब तक कि तुम यह याद नहीं कर लो...घर से निकलते वक्त तुमने क्या कहा था।”

“मैं वहाँ और नहीं रुक सकता था।”

“क्यों ?”

“...उसके बाद मुझे यहाँ होना था।”

“अब तुम यहाँ से कहीं नहीं जा सकते।”

“मगर मुझे जाना है।”

“कहाँ ?”

# 31

कौन है जो यह सब लिखता है। और अक्सर गलत हाथ में गलत जगह का लिखा थमा देता है। लिखाते समय जिसे खुद कुछ याद नहीं रहता। फिर दुनिया भर के डाकिए उन्हें लिए भटकते हैं। भटकने में थककर, ऊबकर वे अपने ही घरों पर दस्तक देने लगते हैं। वहाँ भी दरवाजे यूँ खुलते हैं जैसे वह कोई पराया घर हो जिसे कोई पराया आदमी खोल रहा हो...और वह खुल नहीं पा रहा हो। किसी ने कोई दरवाजा खोला हो...किसी दस्तक को याद नहीं।

कोई भूली-भटकी चिट्ठी अगर किसी के पास पहुँच भी जाती है तो वह उसे यूँ देखने लगता है जैसे वह अपनी रोशनाई में किसी गुप्त दरवाजे की तरफ जानेवाली पगडंडियों की इबारत अपनी कमर पर सिखाए उसके हाथों में पहुँची हो।

लोग तब तक सभी गुप्त दरवाजों से छिटक चुके होते हैं और खुद को ही कोई गुप्त दरवाजा मान किसी दस्तक का इन्तजार करने लगते हैं।

# 32

सामनेवाले घर में बूढ़ी औरत अपनी अर्थी तैयार करने में जुटी थी। बीच-बीच में वह एक नजर दरवाजे को भी देख लेती। कभी-कभी उसे सड़क पर किसी घोड़ागाड़ी के गुजरने की आवाज सुनाई देती। वह जहाँ होती वहीं खड़ी हो जाती। घोड़ागाड़ी उसके दरवाजे के आगे रुक जाती यह देख औरत मुस्कुराती हुई अर्थी पर लेट जाती। पलकें मूँद लेती। समूचा घर किसी भी वक्त होनेवाली दस्तक के इन्तजार और आस में साँस रोके बैठा रहता।

कोई दस्तक नहीं होती।

औरत ऊबी और थकी हुई उठती और दरवाजे के बाहर देखती। वहाँ कोई नहीं होता। वह सामनेवाले घर को देखती और हैरान रह जाती कि उस घर का दरवाजा खुला पड़ा है। वह अपने घर का दरवाजा खुला छोड़ उस घर की ओर लपकती।

पीछे उसकी अर्थी खुले दरवाजे के बीच पड़ी दिखाई देती जैसे वह

किसी के इन्तजार में या किसी की सुविधा के लिए बनाकर रख दी गई हो...किसी को बहुत ही जल्दी हो तो वह आकर सीधे उस पर लेट जाए।

कौन लेटता।

उसने भीतर झाँका। पराए घर में। भीतर आँगन में कोई उसकी तरफ पीठ किए किसी पत्थर पर छेनी-हथौड़े से कुछ उकेर रहा था। वह दम साधे, दबे पाँव उस पीठ की ओर बढ़ने लगी। इस बढ़ने में उसे यह भय भी लग रहा था कि कभी भी कोई उसकी पीठ पर हाथ रख देगा और पूछेगा—कहाँ जा रही हो ?

उसने उसकी पीठ पर हाथ रख दिया। वह चौंका। वह भी चौंकती सी एक कदम पीछे हो गई। सामने वह बैठा था। सामने वह खड़ी थी उस पर झुकी हुई। दोनों की नजरें एक साथ उस पत्थर पर पड़ीं तो दोनों फिर चौंके। पत्थर पर उस औरत का चेहरा था।

"कौन है यह ?"

"तुम कौन हो ?"

"मुझे नहीं जानते ?'

"तुम मुझे कैसे जानती हो ?"

"वह पत्थर को देखने लगा। वहाँ जो कुछ भी उकेरा गया था वह पानी में भीगे कागज सा हिल रहा था। उसने अपना हाथ वहाँ रखा। हाथ रखते ही उसे महसूस हुआ, उसका हाथ भीग गया है। किसी ने भीतर से उस हाथ को पकड़ लिया है। वह उसके सामने बैठ गई। दोनों के बीच वह पत्थर था। वह पत्थर पर हाथ फिरा रही थी।

"अपना घर याद नहीं आता ?"

"कौन सा घर ?"

वह उसकी आँखों में देखने लगा। वहाँ उसे अपना हाथ भीगता दिखाई दिया। वह उसे सहला रही थी।

"कौन है वह ?"

"कौन...?"

वह फिर पत्थर को देखने लगा। वहाँ कुछ नहीं था। न वह चेहरा न पानी का कागज।

"यहाँ से कोई आवाज सी आती लगती है...सोने नहीं देती...।"

"कुछ पता नहीं चला...किसकी थी आवाज ?"

"मगर तुम कौन हो ?"

"मुझसे दूर कहाँ तक भागेगा...जब मैं नहीं भूल सकी तो तूँ कैसे भूल सकता है।"

"मैं कुछ नहीं भूला हूँ।"

"तुझे कुछ भी याद नहीं है।"

"तुम क्या चाहती हो ?"

"...मरना।"

वह उसके हाथों को अपनी गर्दन पर कसने लगी। उसकी साँसें हाँफ रही थीं। टुकड़े-टुकड़े हो रही थीं। उसके हाथ ढीले पड़े थे। असहाय सा वह उसकी आँखों में देख रहा था वहाँ दरवाजे का सहारा लिए वह हर आने जानेवाले को पुकार रही थी।

हरेक का चेहरा एक सा था। कोई ठिठकता तो कोई तेज कदमों से आगे चल देता। कोई यूँ गुजरता जैसे उसने कुछ सुना ही नहीं हो। कोई यूँ सहम जाता जैसे वह कोई चोर है, किसी का पुराना मुजरिम...हत्यारा...जिसे पहचान लिया गया हो। या अगर कोई उसे देखने लगता तो वह उसे यूँ देखने लगती जैसे वह उसे मार डालेगा।

"तूँ मुझे मार दे...मैं पीछे की कोई बात नहीं पूछूँगी।"

"तुम्हें कोई धोखा हुआ है...मैं किसी को छोड़कर नहीं आया हूँ...मैं तो खुद किसी को ढूँढ़ने निकला हुआ हूँ।"

"किसे...?"

वह काँपने लगा। बदहवास सा वह कभी औरत को कभी घर को देखने लगा। उसे घर और औरत में कोई फर्क महसूस नहीं हुआ। इतने बरसों में उसने खुद से यह सवाल कभी नहीं किया था कि वह जिसे ढूँढ़ने निकला है। भटक रहा है। कौन है वह ? किससे पूछे ? कहाँ लौटे ? वह आँगन में चक्कर लगाने लगा। उसके पीछे-पीछे औरत भी। जैसे वह उसका पीछा कर रही हो। घात लगा रही हो। दूर से देखने पर यह भ्रम हो रहा था जैसे वह आगे-आगे चल रही है और वह पीछे-पीछे किसी खड्डे में धक्का देने के इन्तजार में...या आँगन के बीच से आती आवाज का राज जानने के लिए।

# 33

वह कोई सूखा तालाब था जिसमें पानी चमक रहा था। जिसके आसपास के पेड़ों की पत्तियाँ नदारद थीं। किनारे की सीढ़ी पर एक औरत किसी को और आगे उतरने को कह रही थी। जिद कर रही थी। वह उतना ही पीछे लौट रहा था। आखिर में औरत खुद ही तालाब में उतरने लगी। उतरती गई। बीच में पहुँच गई। दूर सीढ़ी पर बैठा वह कागज पर कुछ लिख रहा था। दूर तालाब से वह बोल रही थी। तालाब का नीचे उतर गया पानी उसके कागज पर हिल रहा था। काँप रहा था।

"यह चिट्ठी उसे दे देना।"

"मगर इसमें तो वह डूब जाएगा।"

"मैं डूबने नहीं दूँगी।"

वह तालाब से बाहर आ गई थी। सीढ़ी पर जहाँ वह बैठा था

उसके सामने। उसे उठाती हुई।

‘‘जा, देर मत कर...मेरे पास समय नहीं है।’’

वह उसे सीढ़ी पर से धक्का दे रही थी। वह कागज को मुट्ठी में लिए तालाब में उतरने लगा। भागने लगा। मुट्ठी में पानी हिल रहा था। पीछे वह हँस रही थी। उसकी पीठ पर वह हँसी सवार हो रही थी। वह हाथों को पीछे ले जाकर उसे उतार देना चाहता था मगर उसके हाथ कुछ नहीं लग रहा था।

भागता हुआ दूर से वह डूबता दिखाई दे रहा था। शायद उसे तैरना नहीं आता था। वह उसे तब तक देखती रही जब तक कि उसकी पीठ दिखाई देनी बन्द नहीं हो गई। आखिर में उसकी पीठ धब्बे सी उभरी और डूब गई तो वह सबसे निचली सीढ़ी पर जा बैठी। तालाब अपनी चमक में चौंधिया रहा था जिसमें उसकी छाया सुलग रही थी। वह वहाँ से उठकर सीढ़ियाँ चढ़ने लगी। आखिरी सीढ़ी पर पहुँचते पहुँचते शायद किसी ने कुछ कहा था। वह मुड़कर देखने लगी।

‘‘वह नहीं आएगा।’’

‘‘आएगा...।’’ वह चीखी।

‘‘नहीं आएगा।’’

‘‘आएगा...।’’ इस बार उसकी आवाज भर्रा गई।

‘‘नहीं आ सकता।’’

‘‘आएगा...।’’ उसकी आवाज काँपकर बहने लगी थी।

वह लगभग समूची निचुड़ चुकी थी। किसी तरह खुद को ढकेलती सी वह निचली सीढ़ी तक पहुँची और उकड़ू बैठ गई। आँखें बन्द थीं। डबडबाई हुईं। होंठ कुछ बुदबुदा रहे थे। अगर कोई सुनने की तड़प में बल खा रहा होता तो अपना कान उसके होंठों तक ले जाकर सुनने की कोशिश कर सकता था।

‘‘वह नहीं आएगा।’’ उसकी बुदबुदाहट जैसे किसी मन्त्र की तरह जारी थी।

‘‘आएगा।’’ कोई उसके कानों में चीखा।

‘‘नहीं आएगा।’’

‘‘आएगा।’’ इस बार उसे झकझोरा भी।

"नहीं आ सकता।" उसकी आवाज किसी की मृत्यु की खबर सरीखी थी। सूखी और पारदर्शी।

"आएगा !" किसी की आवाज उसके कानों में पिघलकर बह रही थी।

"रोने से क्या होगा।" उसने आँखें खोलते हुए कहा।

वहाँ कोई नहीं था।

वह तालाब में उतर गई। तालाब की पपड़ाई जमीन पर खड़ी वह सीढ़ियों को यूँ घूर रही थी जैसे किसी ने उसे वहाँ से धक्का दे दिया हो।

"मुझे धक्का देने से क्या होगा ? जब तक वह आ नहीं जाता तब तक मैं मर नहीं सकती...।"

उसने सीढ़ियों की तरफ देखते हुए कहा था। मगर कहते ही डरने भी लगी थी कि कोई उसके कहे को मरोड़ न दे...। किसी ने कुछ कहा नहीं तो उसे ज्यादा घबराहट और चिन्ता होने लगी। वह कभी भी कह सकता है। यह खयाल आते ही वह वहाँ से दूर जाने लगी।...तालाब के उस छोर।

आएगा...आएगा...आएगा...का जाप करती हुई वह तालाब में हाँफती सी भाग रही थी। भागने में जैसे ही कोई साँस उलझती तो वह गिर पड़ती। उसके गिरते ही कोई उसे पीछे-पीछे तेज और दृढ़ कदमों से आता लगता। पास और दूर।

"नहीं आएगा...।"

"आएगा... ।"

"नहीं आएगा... ।"

"आएगा... ।"

तालाब को जैसे मथा जा रहा था। वहाँ दो लहरें आपस में टकरा रही थीं, गुत्थमगुत्था हो रही थीं। उस पर चादर चलने लगी थी जिसमें वह डूबती हुई हाथ-पाँव मार रही थी। जैसे ही उसका मुँह पानी से ऊपर आता वह हड़बड़ाती साँस में...आएगा...कहती। उसके इतना कहते ही कोई भीतर से उसका पाँव खींच लेता। जब उसकी साँस आखिरी तौर पर टूटती लगती तो छोड़ दी जाती।

वह छोड़ दी गई थी। लहरों पर उसकी देह किसी लाश की तरह सीधी पड़ी थी।

चौंधियाते, तपते सूखे तालाब की पपड़ियों पर वह यूँ लेटी थी...जैसे अर्थी तैयार होने के इन्तजार में पड़ी हो। और वह तालाब नहीं, कोई आँगन हो।

# 34

वह खुले दरवाजे के सामने खड़ा था। हाँफता और पसीने में तर। दूर तक उस सड़क पर वह अकेला ही था। सड़क कभी काली कतरन की तरह लहराने लगती कभी काले खम्भे सी उठ खड़ी होती। उसने अपना ध्यान सड़क से हटा लिया। उसने सोचा यह सड़क नहीं दरअसल किसी जादूगरनी की लपलपाती जीभ, है जिसे अगर ज्यादा देर तक देखा तो वह उसे निगल जाएगी।

अगर दरवाजा बन्द होता तो दस्तक दे या न दे इसी उधेड़बुन में वह कुछ समय निकाल सकता था या आगे जा सकता था...आगे जहाँ कोई मकान दिखाई नहीं देता था।

उसने पीछे देखा। वहाँ भी दरवाजा खुला था।

दो घरों के खुले दरवाजों में से एक में उसे जाना था।

एक ही उपाय था एक ही मार्ग कि वह या तो दस्तक दे या पुकारे।

वह दस्तक और पुकार के बीच की दरार में से भीतर झाँकने लगा।

भीतर शायद आँगन पर कोई लेटा था या शायद कोई लेटनेवाला था। वह कुछ कदम भीतर चला गया। अब दरवाजा उसकी पीठ पीछे था जहाँ देखने की उसकी हिम्मत नहीं हो रही थी...उसके भीतर यह सन्देह सिर उठाने लगा था कि हो सकता है मुड़कर देखने पर उसे दरवाजा बन्द मिले...

उसने सामने देखा। आँगन के बीच में अर्थी तैयार पड़ी थी। उसे देखते ही उसकी मुट्ठियाँ भिंच गईं। छाती में कोई गाँठ दोनों सिरों से खिंचने लगी। उस खिंचने में उसका दम घुटने लगा।

उसे फिर खुले दरवाजे का खयाल आया। वह पीछे मुड़ा मगर वहीं खड़ा रह गया।

सामने कोई औरत खड़ी थी। सूखी और सीधी। आँखें मिचमिचाती। सिर पर एक भी बाल नहीं था।

"जाने की सोच रहा है ?"

"हाँ...।"

"क्यों ?"

"मैं गलत घर में आ गया हूँ।"

"कौन है तूँ ?"

"मुझे किसी की चिट्ठी पहुँचानी है।"

"ला...दे।"

उसने वह कागज उसे दे दिया। उसने कागज लिया और सामने उसे देखती फाड़ने लगी...फाड़ती गई।

"जा...जाकर उसे कह देना वह अब कभी नहीं आएगा।"

"तुम उसे जानती हो ?"

"मैं दोनों को जानती हूँ।"

"तुम कौन हो ?"

वह उसके ऐन सामने खड़ी थी। उसका हाथ पकड़े। उसकी आँखों में घूरती हुई।

"जब मैं चली जाऊँगी तब तूँ मुझे पहचानेगा...मेरे बताने पर तूँ मानेगा नहीं।"

"कहाँ जा रही हो तुम ?"

"वहाँ...।"

वह आँगन के बीच पड़ी अर्थी क़ी ओर इशारा कर रही थी।

"तूने कभी अपनी पीठ देखी है ?"

"नहीं..."

"देखना कभी फुर्सत में...वहाँ एक काला धब्बा है...उसे देखेगा तो सब याद आ जाएगा।"

"तुम मुझे कैसे जानती हो ?"

"वैसे ही जैसे तूँ मुझे नहीं जानता...पिछले जन्म में भी तूँने अपनी माँ को बहुत रुलाया था..तेरी पीठ पर उसकी दहाड़ें जमी पड़ी हैं... कभी सुना तूने...कैसे सुनता...सुन लेता तो आज मुझे यूँ अपनी अर्थी खुद तैयार नहीं करनी पड़ती...तेरा इन्तजार नहीं करना पड़ता...कितना निर्मोही है तूँ...दो माँओं का दुख लेकर कैसे जीएगा ?"

उसने उसका हाथ छोड़ दिया और अर्थी की तरफ जाने लगी। उसके सामने उसकी पीठ थी। जिस पर बरसों तक एक ही जगह लेटने के निशान पड़ गए थे...काले और गहरे।

"ऐसे ही कभी अपनी पीठ देखना।"

आधे रास्ते से उसने लौटकर उसका हाथ पकड़ लिया। और उसे भीतर खींचने लगी। कमरे में। वह दहलीज पर रुक गया। वह भीतर गई और चारपाई के नीचे से थाली उठाकर उसके सामने खड़ी हो गई।

"यह आज तक यहीं पड़ी है।"

"किसकी है यह ?"

"जानकर क्या करेगा ?"

"तुमने वह चिट्ठी क्यों फाड़ दी ?"

"...कोई भी चिट्ठी कहीं नहीं पहुँचती...घूम-फिरकर वहीं लौट आती है।"

"पर वह तो किसी और की थी।"

"किसकी थी ?"

वह क्या जवाब देता। उसे खुद नामालूम था। वह किसी को भी नहीं जानता था। मगर कोई उसकी पीठ के बारे में जानता है यह सोच

उसकी पीठ पर सैकड़ों सोई चींटियाँ यकायक जागकर उसे काटने लगीं। उसके हाथ वहाँ तक पहुँच नहीं पा रहे थे। वह दीवार से पीठ को रगड़ने लगा।

"ला...इधर कर खुजली कर दूँ।"

वह उसकी पीठ पर हाथ फिरा रही थी। सिसक रही थी। वह उकड़ू बैठा था आँखें बन्द किए। पीठ पर शायद बरसों का मैल जमा था। जिसे वह आहिस्ता-आहिस्ता उतार रही थी। उसकी सारी थकान वहाँ सिमट आई थी जिसे वह सहला रही थी।

"कभी मेरी याद नहीं आई ?" हिचकी और सिसकियों के बीच से उसकी बात निकली और हवा में गुम हो गई।

यह गुमशुदगी लम्बी चुप्पी के पीछे जा दुबकी। किसी ने कोई जल्दबाजी नहीं की। कोई दस्तक थी जिसका दोनों इन्तजार कर रहे थे कि वह होगी और वे इस पर पाँव रखते बाहर निकल आएँगे। वहाँ कोई दस्तक नहीं हुई बल्कि किसी ने पुकारा हो...वह उस पुकार के रास्ते जाने लगी। कुछ दूर जाकर उसे देखा वह उकड़ू बैठा सो रहा था। वह दबे पाँव बाहर जाने लगी। किसी भी आहट से वह जाग सकता था। उसने सारी आहटों के मुँह बन्द किए और सामनेवाले घर के दरवाजे से उस घर में झाँकने लगी। वहाँ कोई आँगन के बीचोबीच चक्कर लगा रहा था...और भूल गया था कि उसके आगे-आगे चलनेवाली या जिसके आगे-आगे वह चल रहा था वह तो कब की जा चुकी है...उसे दरवाजे से देख रही है।

आँगन में पड़ा पत्थर पिघलकर पानी की तरह चमक रहा था जिसमें उसका चेहरा घुल गया था।

उसने दरवाजे को यूँ सटा दिया जैसे वह भीतर से बन्द हो और खुद बाहर खड़ी 'दस्तक दे या न दे' के बारे में सोच रही थी। यह सोच उसे हँसी आ गई।

अपनी हँसी को दरवाजे के पास ही छोड़ वह आँगन में आ गई और एक नजर उकड़ू बैठ सोते उसे देखा और खुद कुछ देर पहले फाड़े कागज के टुकड़े हवा में उड़ाती अर्थी पर जा लेटी। सीधी और निश्चल।

# 35

सड़क किसी लम्बी चटाई की तरह फैलने के बाद सिमटती जा रही थी। थकी-हारी। दोनों घरों को लपेटती। किसी गठरी की तरह। आधी बँधी आधी खुली। उसने कभी किसी घर में झाँका नहीं। दोनों घरों से आती आवाजों से वह कयास लगा लेती कि भीतर क्या चल रहा है। कौन चल रहा है। कौन भटक गया है। कौन ढूँढ़ रहा है, कौन गुम हो गया। भीतर के इन्तजार से धकियाता कभी-कभार कोई घर से बाहर निकलता और इधर-उधर बदहवास भटकने लगता। इस घर से उस घर, उस घर से इस घर। सड़क किसी का घर नहीं थी। उसके पास ज्यादा देर वही रहता जिसे कहीं छिपना हो या जो पराया हो—अकेला हो। न आगे न पीछे कोई हो। रात को सड़क अपने अंग कस लेती। समेट लेती। चौकन्नी हो जाती। जो कुछ भी घटता था वह रात में ही घटता था। किसी का आना किसी का जाना। किसी

का पुकारना किसी का दस्तक देना। किसी का लौटना किसी का गुम हो जाना। किसी का सिर टकराना किसी का पीठ खुजलाना किसी का हँसना किसी का सिसकना किसी का गूँगा हो जाना किसी का नींद में चलना किसी का सपने में खो जाना किसी का नींद में मर जाना किसी का बार-बार दरवाजे की ओर लपकना किसी का अनवरत चिट्ठी लिखना किसी का रोज मेकअप करना किसी का रोज पता खो जाना किसी की भूमिका ऐन वक्त पर बदल जाना किसी का जीवन भर दरवाजे के सहारे बैठे एक ही नाटक देखना किसी का अन्तहीन हैलो कहना किसी को अन्तहीन रिंग सुनाई पड़ना...। दिन में क्या होता था सिवाय इसके कि जो खो गया है वह और खो जाए जो विस्मृत है वह और दूर चला जाए। सड़क हर बार हर रात खुद को आखिरी पहर यूँ समेटती जैसे अब यह आखिरी रात है फिर न दिन है न रात ओर है न छोर।

# 36

विंग के पीछे खड़ी लड़की के हाथों की किताब से कोई गन्ध आ रही थी। वह उसे सूँघने लगी। सूँघने पर वह गन्ध किसी इन्तजार में पसरी सी बिछी सड़क दिखाई देने लगी। क्या वह उस सड़क पर चली जाए। मगर उसकी स्क्रिप्ट के मुताबिक उसे विंग से बाहर नहीं निकलना था। वहाँ कोई भी स्क्रिप्ट से बाहर नहीं निकल सकता था। वहाँ किसी के भी पास पूरी स्क्रिप्ट नहीं थी। वहाँ कोई भी दूसरे की स्क्रिप्ट से अपनी स्क्रिप्ट के ताल्लुक से वाकिफ नहीं था। वहाँ किसी भी क्षण चलते नाटक में यह सम्भव हो सकता था कि उसे अधबीच में ही खत्म घोषित कर कोई दूसरे राग या विराग का नाटक शुरू कर दे। कभी किसी ने स्क्रिप्ट के बारे में कोई शक-शुबहा, परेशानी या नाइत्तफाकी जाहिर नहीं की। किसी ने भी उस आदमी के बारे में खोज-खबर लेने की नहीं सोची जो उन्हें ऐसी आधी-आधूरी स्क्रिप्ट देता जा रहा था। बल्कि स्क्रिप्ट

भी क्यों कहें क्योंकि वहाँ तो उनके सामने सिर्फ अपने ही डायलॉग हुआ करते थे जिनका पिछले सीन या आनेवाले सीन से क्या ताल्लुक है यह रहस्य ही बना रहता था। वह अपने पात्रों को कभी इतना समय नहीं देता था जिसके सहारे वे कुछ और सोच पाएँ। उसकी स्क्रिप्ट में अन्तहीन खामोशी, वीराने, अँधेरे, इन्तजार पसरे पड़े रहते। रेतीले टीलों की तरह इधर-उधर भटकते, हर कुछ को अपनी गिरफ्त में लेते। उनका मेकअप चाहे कितना ही गहरा हो तब भी यह गर्द उसे छिपा देती और सबके चेहरे एक ही रंग में पुते दिखाई देते। कहा जा सकता तो उसे रेतीला रंग ही कहा जाता। कभी-कभी या अक्सर ही...यह गर्द पूरे नाटक के समय किसी उदास और बिसरी सी धुन की तरह छाई रहती जिसके साजिन्दों के बारे में सोच पाना बहुत मुश्किल लगता था बल्कि उनके बारे में उनके भीतर की उदासी के बारे में सोचते डर सा लगता था।

बाहर सड़क हुआ करती थी। थिएटर से बाहर और भीतर कुछ भी पृथक नहीं था...जो बाहर था वह भी स्क्रिप्ट से बँधा था स्क्रिप्ट के भीतर था। सो, बाहर भी वही गर्द वही वीरानी, वही इन्तजार बिछा, पसरा पड़ा रहता था, उड़ता रहता था।

लड़की ने किताब को फिर सूँघा वहाँ गन्ध नदारद थी वहाँ कोई दूर से पुकारता गुजर रहा था। इस बार लड़की ने ज्यादा सोचना या इन्तजार करना ठीक नहीं समझा। वह विंग से बाहर निकल अँधेरे हॉल को लाँघती दरवाजे के पास पहुँच गई। बाहर ताँगे पर कोई किसी के खो जाने का ऐलान करता पहचान बता रहा था मगर यह नहीं बता रहा था कि गुमशुदा अगर मिल गया तो उसे कहाँ किसके पास पहुँचाना है।

ताँगा दूर था। आवाज भी नजदीक नहीं थी। छितराई हुई थी वह सड़क पर उस तरफ भागने लगी। उसके पीछे भी कई लोगों के भागने की आवाज आ रही थी। सड़क उफन रही थी। लड़की ने पीछे देखा वहाँ गेट के पास बैठा रहनेवाला बूढ़ा, रज्जन बाबू, और फोन के सामने बैठनेवाला आदमी एक-दूसरे को धकेलते, हाँफते भाग रहे थे। एक-दूसरे को पीछे छोड़ते—साथ लेते।

भागते-भागते वे थकान के पाटों में पिस चुके थे। आँखों में अँधेरा ठूँसा जा चुका था, जीभों पर तपती सड़क पसर गई थी। एक-एक करके सब वे पीछे लौटने लगे थे।

ताँगा कहीं नहीं था।

वह कौन था हरेक को भीतर-ही-भीतर यह खयाल खा रहा था, हैरान कर रहा था। स्क्रिप्ट में ताँगेवाले का रोल नया और अप्रत्याशित था। किसी पुराने बैर को निकालने जैसा। उनका खून पीने के लिए। उन्हें भटकाने के लिए।

या तो नींद में वे मंच तक फिर से आ गए थे या सड़क ही उन्हें वहाँ फिर से फेंक गई थी।

नींद के दलदल में से वे एक-एक कर बाहर निकल रहे थे। सबकी आँखें लाल और सूजी हुई थीं। या तो नींद के बाहर से खींच लिए जाने की वजह से या ताँगेवाले के धोखे की वजह से वे एक-दूसरे को मार डालने के अन्दाज में घूर रहे थे। एक-दूसरे से सिर टकरा रहे थे बाल खींच रहे थे हाथ-पाँव खींच रहे थे नोच रहे थे काट रहे थे लहूलुहान हो रहे थे गुत्थमगुत्था हो रहे थे। हॉल की स्तब्धता में उनकी यह खामोश जद्दोजहद तब तक चलती रही जब तक कि वे फिर से थककर इधर-उधर टूट बिखर नहीं गए। एक-दूसरे से नजरें चुराते अपनी-अपनी जगह नहीं चले गए।

अपनी पुरानी जगह पर पहुँचने के बाद सबको कोई सामूहिक डायलॉग याद आ गया। वे फफकने लगे। अपने बाल खींचते दीवारों से सिर टकराने लगे। चीखने लगे। हाल की स्तब्धता की काली और मोटी चादर में वे अपने चीखने से शायद कोई सुराख कर देना चाहते थे, उसे फाड़ देना चाहते थे। जितनी ही उनकी दहाड़ें तेज हो रही थीं वह चादर उतना ही कसता जा रहा था। उनकी आवाजें उससे टकराकर नीचे गिर रही थीं उन्हीं पर—एक-दूसरे पर।

दीवारों पर दीमकें निकल आई थीं, दरारों में से चींटियों की कतारें बहने लगी थीं।

अगले दिन की मटमैली, फटी सी सुबह दरवाजे के पास बूढ़ा लुढ़का पड़ा था। उसकी दाढ़ी आधी उतर गई थी। उसके होंठ खुले

थे और आँखें फटी पड़ी थीं।

वे तीनों उसके पास बैठे, खड़े थे।

लड़की ने बूढ़े की जेब से कागज निकाला। कागज पर लिखे को पढ़ वह बूढ़े के खुले होंठों को देखने लगी, छूने लगी। रज्जन बाबू ने पूछा, "क्या लिखा है ?"

लड़की बूढ़े के होंठों के पास कान ले गई और ऊपर देखती हुई बोली, "वह नहीं आएगा।"

दोनों जने एक-दूसरे को देख रहे थे।

दोनों ने बूढ़े के कानों के पास अपना-अपना मुँह ले जाकर साँस बटोरा और चीखे..."आएगा...आना ही पड़ेगा।"

लड़की फिर से विंग के पीछे चली गई।

## 37

रज्जन बाबू नकली दाढ़ी लगाए बूढ़े के मेकअप में बूढ़े की स्टूल पर आँखें मूँदे बैठे थे। उनींदे। निश्चल।

# 38

मंच पर फोन की जगह मेज पर एक घड़ी रखी थी जिसे वह खोल रहा था और वह खुल नहीं रही थी। वह बहुत जल्दी में था। कुछ-कुछ काँप रहा था। विंग से लड़की यह सब देख रही थी। वह जितना ही थकता और हारकर इधर-उधर आने-जाने लगता तो लड़की को तसल्ली होती। वह घड़ी को खोलने के नए-नए तरीके याद कर रहा था। कोई भी तरीका उसके खुलने के रास्ते में नहीं आता था। जब थक जाता तो वहीं कुर्सी पर बैठ जाता और घड़ी पर सिर टिकाए सो जाता।

तब लड़की विंग से परेशान सी बाहर निकलती और अपना कान घड़ी के पास ले जाती। तसल्ली उसके चेहरे पर चमकने लगती जैसे घड़ी ने कोई गुप्त बात या अपना वादा याद होने की बात कह दी हो। वह फिर से विंग में चली जाती।

विंग में उसके खड़े होने की जगह चींटियों के जत्थे इधर-उधर आ

जा रहे थे। उसके पैरों पर चढ़ रहे थे। उसके बालों में फँस रहे थे। उसे काट रहे थे। वह दर्द से बिलबिलाती अपनी देह को झटक रही थी। भागकर वह दूसरी विंग में चली गई। मगर उसके पीछे-पीछे चींटियों के जत्थे भी उफनती लहरों से आ रहे थे, उसे ढहा रहे थे।

वह चीखना चाहती थी मगर उसके चीखने से मंच पर बैठे आदमी की नींद टूट सकती थी। वह किसी भी सूरत में यह नहीं चाहती थी कि वह घड़ी को खोलने में कामयाब हो जाए।

नींद में भी वह घड़ी से ही जूझ रहा था। वहाँ घड़ी काले दरिया सी सब कुछ को लील रही थी। उसके भीतर का समय भटका सा इधर-उधर फेंका जा रहा था, फेंटा जा रहा था। वह उसे उसकी नियत जगह पर बाँध देना चाहता था। जब तक वह बाँधने में कामयाब नहीं हो जाता किसी के आने की घड़ी टलती जाएगी। हो सकता है आनेवाला आना ही भूल जाए।

इस ठोकर से उसकी नींद छितरा गई और वह जाग गया। घड़ी अब भी बन्द पड़ी थी। उसे चिढ़ाती हुई।

वह फिर से उसे खोलने लगा। उसे चिढ़ाता हुआ। उठा-उठाकर वह उसे आँगन पर मारने लगा। घड़ी के दरवाजे पत्थर के होते हैं। खुलने के लिए नहीं सिर्फ बन्द होने के लिए। वह उन पर अपना सिर मार रहा था। अपने नाखून धँसा-धँसाकर लहूलुहान हो रहा था।

जब इससे भी तसल्ली नहीं हुई तो अपना सिर उस पर मारने लगा। लड़की विंग से बाहर आ गई और उसके हाथों को पकड़ लिया। वह उसकी आँखों में देख रही थी। वहाँ चींटियाँ हीं चींटयाँ दिखाई दे रही थीं। वह उसकी आँखों में अपलक देख रहा था वहाँ घड़ी वैसी की वैसी पड़ी थी।

दोनों एक-दूसरे से सटे खड़े थे। पथरीले और बहते साए की तरह। एक-दूसरे की देह को सहलाते और जगाते। दोनों की जबानें भीतर धँस चुकी थीं। एक-दूसरे की अँगुलियों को तोड़ते-मरोड़ते उनकी आँखें बन्द हो गई थीं। स्तब्धता की चादर नीचे उतर रही थी उन पर गिर रही थी।

मंच पर कोई तूफान था जो ठाठें मार रहा था। भीतर चट्टानें

टकरा रहीं थीं, दरक रही थीं।

भूलने के उपक्रम की वह सम्भवतः अन्तिम प्रक्रिया थी मगर वहाँ तक पहुँचते-पहुँचते कोई याद उसे फिर से बाहर खींचने लगी जहाँ के सारे दरवाजे-गलियाँ बन्द पड़ी थीं। जहाँ कुछ देर पहले वह सिर मार रहा था। ज्यों-ज्यों यह याद उसे धुन रही थी उधर लड़की की देह पर भी फिर ढेरों रपटीली पगडंडियाँ फिसलने-चढ़ने लगी थीं।

उसने लड़की को झटका और घड़ी से फिर से भिड़ने लग गया। जहाँ वह बैठा था लड़की उसके चारों ओर चक्कर लगाने लगी।

''तुम इसके पीछे क्यों पड़े हो ?''

''इसे चलाना बहुत जरूरी है, इसके इस तरह बन्द रहने से आनेवाले की घड़ी टहलती जा रही है।''

''यहाँ अब किसे आना है ?''

वह सूनी-सूनी आँखों से लड़की की ओर देखने लगा। उसने उसका हाथ पकड़ लिया।

''इसके चलने से हमारे जाने की घड़ी भी तो आ सकती है...वह भी इसके साथ कहीं अटकी, फँसी पड़ी है।''

''कहाँ जाएँगे हम ?''

''जब यह चलती थी तब मुझे किसी के आने की आहट सुनाई देती थी...कोई मुझे यहाँ से निकालना चाहता था...अपने साथ ले जाना चाहता था।''

लड़की की आँखें बन्द थीं, उसका सिर उसके कन्धे पर टिका था।

''तुम्हें ठीक-ठीक याद नहीं है...कौन आ रहा था ?''

''कोई था...जिसे घर के आँगन के बीचोबीच रात में कोई रोकता था...वह मुझे बताना चाहता था मगर मैं क्या मदद कर सकता था। मुझे अब भी वह पीछा करता लगता है...मैं चाहता हूँ वह मुझे ढूँढ़ ले...पर यह घड़ी, उफ।''

वह फिर से घड़ी से जूझने लगा। लड़की दीवार की तरफ मुँह कर खड़ी हो गई। चींटियाँ उसे खाए जा रही थीं। वह चाहती थी कि मंच किसी तालाब में तब्दील हो जाए जिसमें वह डूब जाए। उसकी देह चींटियों के खाए जाने से दहक रही थी वह जानती थी वहाँ किसी के

चाहने से कुछ नहीं होता था, वहाँ सिर्फ इन्तजार ही किया जा सकता था। वह रज्जन बाबू के पास जा अपना हाथ उनके सामने कर बैठ गई।

"क्या चाहिए ?" वे उसका हाथ देख रहे थे।

"मैं बाहर जाना चाहती हूँ।"

"किसलिए ?"

"उसे ढूँढना चाहती हूँ।"

"मगर यहाँ तो सिर्फ भटकना लिखा है।"

"मैं उसके हाथों मरना चाहती हूँ।"

"उसे देखो...।" रज्जन बाबू मंच की तरफ घड़ी से जूझते आदमी की तरफ इशारा कर रहे थे।

"उसके हाथों वह मारा जा रहा है...सबके साथ वह यही कर रहा है...अपने आने से पहले जाने के सब दरवाजे बन्द कर देता है।"

"अभी वह कहाँ है ?"

"किसी से पीछा छुड़ा रहा है।"

"कौन है वह ?"

रज्जन बाबू चुप थे। लड़की हाथ की लकीरों में उनकी चुप्पी का रहस्य ढूँढ़ रही थी। रज्जन बाबू काँप रहे थे।

"कौन है वह ?" वह उन्हें झकझोर रही थी।

"वह खुद को उसकी माँ कहती है।"

"और वह...?"

"वह कभी इनकार करता है कभी इन्तजार करता है।"

लड़की ने अपना हाथ छुड़ा लिया। वहाँ कोई चाभी नहीं थी। उसने मंच की ओर देखा। वहाँ अँधेरा था जिसमें कोई जूझ रहा था, हाँफ रहा था, बड़बड़ा रहा था। रज्जन बाबू ने उसका हाथ पकड़ लिया।

"कहाँ जाओगी...वह नहीं मिलेगा...मिला तो पहचानेगा नहीं।"

"मैं यहाँ से निकलना चाहती हूँ इन्तजार से अच्छा तो यही है मैं भटकने में मर जाऊँ।"

वह दरवाजे के सामने खड़ी थी। रज्जन बाबू दरवाजे के पास स्टूल पर यूँ बैठे थे जैसे कुछ हुआ ही नहीं हो। अपने हिस्से के डायलॉग

के बाद वे लड़की को नहीं सामने मंच पर देख रहे थे। वे दोनों लड़की की स्क्रिप्ट से बाहर थे। मगर कुछ भूल गए थे तब भी उन्हें याद दिलानेवाला वहाँ कोई नहीं था। भूले से कोई अपनी हद तोड़ किसी को याद दिलाने की कोशिश भी करता तो वे उसे ही भूला-भटका समझ लेते। वहाँ उस स्थिति में कोई किसी की मदद नहीं कर सकता था। न जीने में न मरने में। न इन्तजार में न भटकने में। लड़की दरवाजे के सामने खड़ी आखिरी बार पीछे देख रही थी। पीछे कोई पुकार नहीं थी कोई अटका सन्देश नहीं था। वह शायद अपनी स्क्रिप्ट से बाहर थी।

बाहर सड़क थी जिसे देख लड़की को यह भ्रम हुआ वह कोई दूसरी स्क्रिप्ट है जिस पर पाँव रखते उसे उधर ही जाना है जहाँ वह ले जाए। वह चींटियों के जत्थे नहीं थे। उसकी देह और सड़क के रंग में कोई अन्तर नहीं था।

## 39

दरवाजा अधूरे मन से या अधूरी आस से यूँ बन्द था कि कोई चाहे तो दस्तक दे दे चाहे तो हल्के हाथ से उसे धक्का दे दे...वह खुल जाएगा। लड़की का हाथ पहले दस्तक के लिए फिर धक्का देने के लिए दरवाजे तक पहुँचा और लौट आया। दरवाजे की दरार में से उसने देखा, वहाँ आँगन में कोई चक्कर लगा रहा था। लड़की ने दस्तक करने की बजाय दरवाजे को धीमे से धक्का दिया। उसके दोनों हिस्से झिझकते से पीछे खिसक गए।

सामने आँगन के सूनेपन को कोई मथ रहा था।

कोई उसके कान में कुछ कह रहा था या वह किसी को कुछ कहने के लिए पीछे-पीछे भाग रहा था और भागने में उसके कहने के टुकड़े बिखरे जा रहे थे। वह कहने और सुनने के विपरीत मार्गों पर भाग रहा था पिछड़ रहा था हाँफ रहा था।

कोई उसे रोके तो कैसे रोके ?

लड़की दूर खड़ी उसे देख रही थी। यह बिल्कुल ही अलग तरह की स्क्रिप्ट थी जिसमें दूसरे का प्रवेश बहुत सँकरे समय में ही सम्भव था।

"कब तक भागोगे ?"

"...।"

लड़की ने उसे पकड़ लिया। वह उसे देखने लगा।

"किसके पीछे भाग रहे हो ?"

"तुम कौन हो ?"

"भागने से कुछ हासिल नहीं होगा।"

"मैं भाग नहीं रहा।"

"क्या तुम उसे जानते हो जो हमें कहीं भी कहीं का भी होकर नहीं रहने देता।"

"मगर तुम कौन हो ?"

"यह सवाल पूछने का कोई अर्थ नहीं है असल बात यह है कि हम उसे ढूँढ़ें जो हमें भगा रहा है।"

"कौन है वह ?"

"वह खुद कोई भगोड़ा लगता है जो न खुद चैन से रहता है न हमें रहने देता है।"

"कौन है वह ?"

"यहीं कहीं है वह...हमारे ही बीच...जो हरेक की याददाश्त पर धावा मारता जा रहा है।"

उसने पहली बार गौर से लड़की को देखा। उसके बाल रूखे और खुले थे। आँखें कहीं सेंध लगाने की जगह ढूँढ़ रही थीं। उसे कुछ याद आया। वह पास पड़े पत्थर को देखने लगा। वहाँ न चेहरा था न पानी। उसकी अँगुलियाँ इधर-उधर कुछ ढूँढ़ रही थीं। वहाँ कोई कराह उन अँगुलियों को पकड़ना चाहती थी मगर फिसल जाती थी। वह बेचैनी में पत्थर पर अपनी अँगुलियाँ गड़ाने लगा। उसके नाखूनों से खून आने लगा। बदहवास सा वह पत्थर पर झुक गया और उस पर कान लगाकर कुछ सुनने लगा।

"अरे वह कमरे में अकेला है।"

वह कमरे की ओर लपका और दरवाजे के पास ठिठका सा खड़ा रह गया। उसके पीछे लड़की खड़ी थी। सामने पलंग खाली पड़ा था।

"कौन था वह ?"

लड़की ने उसकी पीठ के पीछे से पलंग को देखते हुए पूछा। वह यूँ चुप रहा जैसे पूछनेवाले ने उससे नहीं बल्कि खाली पड़े पलंग से पूछा हो। वह पलटा और घर के दरवाजे से बाहर इधर-उधर देखने लगा।

"किसे ढूँढ़ रहे हो ?"

"यहाँ एक औरत आई थी...कहती थी कि मैं उसे भूल गया मगर वह मुझे जानती है।"

लड़की चौंकी। उसने उसके कन्धे पकड़ लिए।

"फिर कहाँ गई वह ?"

"पता नहीं...।"

"तुम उसे पहचान लोगे ?"

"कह नहीं सकता।"

सामनेवाले घर का दरवाजा खुला था। वह उसे ले उस दरवाजे के सामने आ गई। वह उसके पीछे खड़ा रहा। वहाँ उसे अपने घर जैसा ही दरवाजा, वैसा ही आँगन दिखाई दे रहा था। परेशान सा वह कभी सामने के घर को देखता कभी पीछे के घर को। लड़की भीतर जाने लगी तो वह भी उसके पीछे-पीछे जाने लगा। उसे अपने ही घर में यूँ दबे पाँव आना अजीब सा लग रहा था। लड़की बार-बार पीछे देख लेती। कहीं वह पीछे से भाग न जाए। वह पीछे-पीछे आ तो रहा था मगर डर भी रहा था कि अगर लड़की ने अचानक पलटकर उससे पूछ लिया, तुम मेरे पीछे क्यों आ रहे हो तो वह क्या जवाब देगा।

वहाँ एक ही चेहरेवाली कई औरतें आँगन में पड़ी अर्थी की ओर पीठ किए घुटनों पर सिर टिकाए बैठी थीं। लड़की किसी मन्त्र में बिंधी-बँधी सी उनके बीच अर्थी की ओर पीठ कर बैठ गई। उसने अपने अगल-बगल की औरतों के चेहरे देखने चाहे। उनकी कुछ झलक दिखाई देती थी। उस झलक को देखते ही उसकी आँखें बन्द हो गईं। उसने

पलकें भींच लीं। उसे अगल-बगल में अपना ही चेहरा दिखाई दे रहा था। उसने पलकें मूँदे ही अपनी बगल में बैठी औरत से पूछा, "हम सब अर्थी की तरफ पीठ कर क्यों बैठी हैं ?"

"...जो उसका चेहरा देख लेगी अर्थी पर उसे अपना ही चेहरा दिखाई देगा।"

इतना सुनते ही वह वहाँ से भागने के लिए उठने लगी। मगर उठ नहीं पाई। किसी ने पीछे से उसे पकड़ लिया था। वह फँस चुकी थी।

इस बार की स्क्रिप्ट में उसे कहीं नहीं जाना था।

सामने वह खड़ा था। वहाँ अर्थी के पास लड़की को पीठ किए बैठी देख वह दबे पाँव बाहर जाने के लिए पलट रहा था। मगर वह बाहर नहीं जाकर अर्थी के पास जा रहा था।

उसने अर्थी पर लेटी औरत का चेहरा देखा। और लपककर लड़की को झकझोरने लगा।

"यही तो थी वह...यही तो थी।"

लड़की ने नहीं पूछा कौन थी वह। वह बैठी रही। वह फँस गई थी।

वह आँगन में यूँ घूम रहा था जैसे इस आँगन में बरसों इधर-उधर आता-जाता रहा हो।

दूर कोने में उकड़ू बैठा वह उसे इधर-उधर आते-जाते देख रहा था।

## 40

सामनेवाले घर के दरवाजे पर कोई दस्तक दे रहा था। वह दस्तक लड़की की पीठ पर प्रहार कर रही थी। कोई उसके कानों में फुसफुसा रहा था।

"जा...शायद वह आ गया है...अब की बार लौटने मत देना।"

लड़की घुटनों पर हाथ रख उठने लगी। बरसों की थकान उसकी देह पर जमी थी। उसकी पीठ झुकी थी। आँखें मिचमिचा रही थीं। घुटने दर्द से बेहाल थे।

वह सड़क के बीचोबीच खड़ी थी।

सामने दरवाजे की ओर मुँह और उसकी ओर पीठ किए कोई दस्तक पर दस्तक, दस्तक पर दस्तक दिए जा रहा था।

भीतर वे दोनों पुरानी थाली के सामने उकड़ू बैठे थे। जब भी सामनेवाले घर पर दस्तक होती उनके भीतर कोई मरोड़ उठने लगती।

दोनों एक-दूसरे को देखने लगते।

बाहर सड़क पर खड़ी वह उसकी पीठ देख रही थी और चाह रही थी वह कहीं मुड़ न जाए। वर्ना वह उसे पहचान नहीं पाएगी। सड़क पर उसकी छाया इस कदर लम्बी थी कि दोनों के सिरे दिखाई नहीं दे रहे थे। एक-दूसरे को पीछे छोड़ने की हठ में वे एक-दूसरे के भीतर-बाहर धँस रहे थे, पसर रहे थे, खिंच रहे थे। उसकी छाया को ढेरों चींटियों के जत्थे खींचे जा रहे थे। पूरी सड़क उन जत्थों से ढँक चुकी थी। वह कोई काला लावा था जो धीमे-धीमे कहीं की ओर खिसक रहा था। उसे अपनी देह वहाँ खड़ी होने की बजाय अर्थी पर लेटी महसूस हो रही थी जिसे सड़क अपने कन्धों पर ढोए जा रही थी। उसके दोनों तरफ दोनों घर शोक में डूबे सिर झुकाए घिसट रहे थे।

●●●